图书馆管理
与读者服务研究

侯冬尽　田一雷　郭　萍◎著

吉林文史出版社

图书在版编目（CIP）数据

图书馆管理与读者服务研究 / 侯冬尽，田一雷，郭
萍著 . -- 长春 : 吉林文史出版社，2023.5
ISBN 978-7-5472-9426-0

Ⅰ . ①图… Ⅱ . ①侯… ②田… ③郭… Ⅲ . ①图书馆
管理－研究②图书馆服务－研究 Ⅳ . ① G251 ② G252

中国国家版本馆 CIP 数据核字（2023）第 093909 号

TUSHUGUAN GUANLI YU DUZHE FUWU YANJIU

书　　名	图书馆管理与读者服务研究
作　　者	侯冬尽　田一雷　郭　萍
责任编辑	陈　昊　张　蕊
出版发行	吉林文史出版社有限责任公司
地　　址	长春市福祉大路 5788 号
网　　址	www.jlws.com.cn
印　　刷	北京四海锦诚印刷技术有限公司
开　　本	787mm×1092mm　16 开
印　　张	11.25
字　　数	267 千字
版　　次	2023 年 5 月第 1 版　2023 年 5 月第 1 次印刷
定　　价	52.00 元
书　　号	ISBN 978-7-5472-9426-0

前　言

图书馆是文化传播发展的重要阵地，集合了丰富的阅读资源和读者资源，也成为传播文化的重要公共场所。图书馆需要紧跟时代潮流，不仅要加强图书馆管理，还要强化服务意识，为读者提供更高效、更快捷、更为个性化的服务。

基于此，本书以"图书馆管理与读者服务研究"为选题，探讨相关内容。全书共分为七章：第一章阐述图书馆管理的基本理论，内容包括图书馆概述、图书馆管理的内涵及特征、图书馆管理的原理与内容、图书馆管理的原则和方法；第二章分析图书馆管理的内容体系，内容涉及人力资源管理、知识管理、质量管理、文化管理；第三章从多维视角探索图书馆管理创新，探索信息化背景下图书馆管理创新、新媒体视角下的图书馆管理创新、图书馆数字化管理模式及创新优化、人本管理思想与图书馆管理创新实践；第四章是图书馆读者及服务工作实践，分析读者的形成、结构与类型，图书馆读者需求分析与评价，图书馆读者服务的基本内容，图书馆读者导读工作的开展；第五章思考图书馆读者服务水平的提高，内容包括图书馆读者服务的沟通技巧、图书馆读者服务细节的处理、图书馆读者投诉的处理艺术、图书馆读者活动的策划分析；第六章研究图书馆读者服务工作拓展与创新发展，内容涵盖微信平台在图书馆读者服务中的应用、区块链视角下图书馆读者服务优化路径、全媒体环境下图书馆读者服务体系构建、图书馆读者服务精细化发展的途径探索。

本书层次清晰地阐述了图书馆管理的基本理论，紧跟时代发展，借助通俗易懂的语言、系统明了的结构，从不同的角度展现了图书馆管理与读者服务创新发展，推动图书馆读者服务的可持续发展。本书可供广大图书馆管理服务人员、高校师生与知识爱好者阅读使用，有一定的参考价值。

笔者在撰写本书的过程中，得到了许多专家、学者的帮助和指导，在此表示诚挚的谢意。由于笔者水平有限，加之时间仓促，书中所涉及的内容难免有疏漏之处，希望各位读者多提宝贵的意见，以便笔者进一步修改，使之更加完善。

作者

2022 年 9 月

目　录

第一章 图书馆管理的基本理论

第一节 图书馆概述

图书馆是在特定的背景下产生的，它的诞生以浓厚的文化背景为依托：①文字的诞生；②所留存的文献。文字的价值就在于记录事件、传达信息，它是不可替代的书写符号；文字诞生之后，相应的载体也就随之出现。在文字数量不断上升的背景下，为了使记录更为真实，对事物的情感流露更加准确，文献也就随之而出现。文献是指记录有知识和信息的一切载体，所以文献是人类文明传承延续的集中体现。随着文献数量的不断增加，将文献有序保存的需求逐渐出现，人们需要有一个地方保存文献，并且要有专人来管理文献，这样图书馆就应运而生了。"图书馆承担着保存人类记忆、促进社会发展、提升民众素养、培育文化自信的历史使命。"①

一、图书馆的一般属性

图书馆作为社会科学、文化、教育系统的一个组成部分，具有它所属系统的一些共性，这些共性就是图书馆的一般属性，或称社会属性。图书馆的一般属性主要有社会性、学术性、服务性和教育性等。

（一）图书馆的社会性

图书馆作为社会各界共同使用文献信息的一个组织机构，图书馆的文献信息本身具有广泛的社会性。

第一，图书馆的文献资料是人们征服自然、改造自然和人类社会实践的历史过程的记录，它集聚了古今中外人类创造积累的知识，是人类智慧的结晶。因此，它是人类共同创造的精神财富。

第二，图书馆读者具有社会性。由于图书馆是面向全社会开放并为所有的社会公众服务的，所以图书馆的读者具有广泛的社会性。

---

① 吴建中、范并思、陈传夫等：《面向未来的图书馆与社会》，载《中国图书馆学报》2021年47期，第4页。

第三，图书馆网络化是图书馆具有社会性的表现。目前，随着计算机和网络技术的发展，国家数字图书馆的建立，资源共享已成为现实，图书馆的社会性得以充分体现。诸如编制联合目录、馆际互借等协作与协调活动等是其具体体现。

（二）图书馆的学术性

1. 工作本身具有学术性

图书馆的学术性表现在图书馆工作是科学研究的前期劳动和图书馆工作本身具有学术性两个方面。

由于图书馆尤其是大型图书馆收集了大量的甚至是从古代到现代所有的图书和最先进的信息资源，所以图书馆成为教学、科研和技术创新的窗口，图书馆工作本身体现了较强的学术性，而且图书馆的各项工作，如图书的分类、编目、组织管理、文献检索等都具有一定的学术性。

学术性功能，必然伴随着工作要求的提升，如对图书馆的文献资料、读者、各项工作的技术方法进行深入的研究，从而摸索出规律性，不断提高工作质量和效率，特别是现代化图书馆的建设更需要研究新技术条件下图书馆的办馆理念、工作程序、技术方法等，以满足社会对图书馆文献信息服务工作的需求。

2. 工作是科学研究的前期劳动

图书馆工作是科学研究的前期劳动，是构成科研能力的主要因素。科学研究是一种社会劳动，它具有明显的连续性和继承性，任何一个科研工作者在从事某项科研工作的时候，总是先对所选的课题进行大量的调研活动。图书馆及情报部门完整、系统地保存了记录人类知识和智慧的文献资料，是文献调研活动的主要承担者。所以说，图书馆的工作是科研工作的一部分，图书馆的工作是科研工作的前期劳动，具有学术性。

（三）图书馆的服务性

图书馆是通过文献资料的收集、整理、传播和利用，将一部分人的知识成果转移给另一部分人，在文献的传播和交流过程中表现出它的服务性。同时，图书馆作为信息服务产业的组成部分，其服务性更加明确。

图书馆收藏文献的目的在于用，图书馆存在的价值也在于用。因此，利用文献为用户服务是图书馆的根本职责和任务。图书馆的服务性从文献传递的过程中体现出来，它有公益性的特征，免费为读者提供精神文化产品，服务的成果表现为社会效益，而非经济效益。

图书馆既然是一个服务性的行业，就要求图书馆的工作人员应该具备从事这项工作所必备的各种知识，它包括专业知识、科学文化知识、外语知识、计算机应用能力等，并且熟悉馆藏、了解读者，具有良好的职业道德和奉献精神，只有这样才能充分发挥图书馆在人类社会中的作用。

（四）图书馆的教育性

图书馆的功能是通过文献资料传播科学文化知识，为读者提供终身教育，以促进社会和谐发展，所以它具有教育性。图书馆是人们进行终身教育的场所，读者利用图书馆的文献资料不断提高自己的综合素质，以满足社会科学技术飞速发展的需求。

图书馆的教育形式灵活多样，既可通过推荐文献资料、辅导读者阅读，也可以举办各种讨论会、学术报告会等，以激发读者的学习兴趣，满足读者对知识的各种需求。

图书馆的教育对象十分广泛，一切能够利用图书馆的社会各阶层人士都是它的教育对象，任何年龄、职业、信仰、受教育程度的读者，都可以按照自己兴趣和需要，在浩如烟海的知识海洋中摄取自己所需要的科学文化知识。

二、图书馆的构成要素

（一）藏书

图书馆的藏书是一个集合的概念，它是图书馆所收藏的各种类型文献的总和，既包括传统的印刷型文献，也包括新型载体的视听资料、电子出版物等。藏书是图书馆赖以存在和发展的物质基础，也是根据图书馆的性质、任务和读者对象的需求，将各类文献有目的、有系统地收集起来，经过科学的加工、整理，合理地排列组合，成为有重点的、有层次的图书馆藏书体系。图书馆的藏书有三个特性：①文献的集合；②经过选择的文献的总和；③加工和组织以提供读者利用。

图书馆的藏书不仅包括传统的印刷型图书，还包括其他物质载体的文献，这就突破了传统图书馆藏书的概念。图书馆的藏书是根据图书馆的性质、任务和读者对象的需求而精心挑选出来的文献。由于各个图书馆的性质、任务和读者服务对象的不同，因此，所收藏的文献侧重点也有所不同。所以"藏书"只是图书馆针对自己的特定情况而精心选择的部分文献资料。

图书馆的藏书是经过科学方法进行加工，按一定的体系布局排列，并进行合理的保管，最终提供给读者利用的文献资料。不经过加工的文献，不能是真正意义上的图书馆藏文献，它不可能在图书馆流通和借阅，也无法在图书馆有序排列和保管。

特别指出，图书馆的藏书和用书是一对矛盾统一体。不同的图书馆在文献资料"藏"

与"用"的问题上应有所侧重。如国家图书馆行使国家总书库的职责，理应以"藏"为主，而省级图书馆则应就地方文献以用为主。但是，无论"藏"还是"用"，图书馆的藏书之最终目的是为社会所"用"的。

（二）读者与馆员

读者是指图书馆的服务对象，通常指具有一定阅读能力从事阅读活动的社会成员。图书馆的读者群属于特定的范畴，它是社会群体中的一部分，专指与图书馆发生关系的人，凡是利用图书馆从事活动的一切社会成员都是图书馆的读者，其中包括个人、集体、单位。

馆员指图书馆所有的工作人员，包括各层次的领导干部、行政管理人员和技术业务工作人员。其中，图书馆里技术业务人员包括图书管理员、助理馆员、馆员、副研究馆员、研究馆员等。他们都是图书馆各项工作的管理者和组织者，是联系图书馆与社会各界的媒介。图书馆社会作用、工作成绩的优劣，很大程度上取决于图书馆员的综合素质。

随着知识经济时代的到来和信息社会的发展，图书馆的社会角色发生了很大的变化，从单一的传递书刊、文献资料，发展到今天的信息查询、社会教育、传递科技情报、网络信息等多种服务形式。这些业务的延伸和发展，对图书馆员的思想素质、综合素质及业务素质提出了更高的要求，这就需要原有人员不断更新知识才能适应时代要求。

（三）技术方法

技术方法是指图书文献的收集、整理、组织、管理、流通、利用，以及各个业务部门工作的技术方法。技术方法构成了图书馆工作的方法系统，该系统包括了传统手工操作的技术方法，也包括了以计算机技术为主要手段的现代信息情报技术。

现代化技术方法的运用需要合理地调整图书馆的工作程序，以提高图书馆管理的效益。

（四）建筑与设备

图书馆的建筑与设备是图书馆开展工作的物质条件，其建设规模、建筑风格及现代化设备的应用，将使图书馆的服务工作从单一向深度和广度发展，服务手段从单向向多元化发展，服务能力和效益得到极大的提高。

目前，世界上绝大多数国家，将国家图书馆、省市图书馆和高等学校图书馆作为图书馆建设的重点。其硬件建设作为教学、科研和国家城市文明进步评估的重要内容，并对其建设规模、藏书数量等有详细的评估指标。

此外，图书馆的建筑风格和技术装备也有一定的要求，首先是建筑风格有着明显的时代特征。随着图书馆读者服务工作内容、形式、技术设备的不断变化，图书馆的建筑也随之而改变。从传统图书馆到现代化图书馆，图书馆的技术设备随着服务方式的改变、新技术的应用不断地发生着变化。其次，技术装备也有较大的改观。如计算机设备、电工设备、空调设备、消防安全设备及业务工作相应的技术设备等。

（五）图书馆管理

图书馆管理是指计划、组织、控制、协调图书馆工作中的人力、物力、财力的合理运用，达到以最少的消耗来实现图书馆的既定目标，完成图书馆任务的过程。没有图书馆的科学管理，就没有工作的合理化和科学化，图书馆也就不能成为一个具有特定功能的有机整体。

图书馆管理的内容有很多，如：图书馆组织机构的管理、人事制度管理、业务管理、行政事务管理、图书馆的规章制度、管理的方式和方法等。这一切形成了图书馆整个的管理体系，以保证图书馆事业科学、高效、可持续地发展和壮大。

三、图书馆的组织机构

图书馆的组织机构是由图书馆的研究对象、图书馆要素和图书工作内容及性质决定的。图书馆的研究对象包括宏观与微观两个方面。宏观对象是指图书馆系统、图书馆事业、图书馆与环境的关系；而微观对象则是指图书馆的各个组成要素，以及作为图书馆工作对象的知识、信息等。图书馆是由文献信息资源、用户（读者）、工作人员、技术方法、建筑与设备诸要素构成的。

（一）图书馆的基础工作

第一，信息输入工作，即文献的搜集、整理、组织和典藏。工作人员利用一定的信息设施，根据图书馆的目标及用户信息需求分析和追踪（反馈）的结果，从社会上广泛存在的信息源中不断地选择和搜集所需的文献，并利用一定的专业知识和技能对这些文献实施整理、组织和典藏。其结果产生了两种产品：①表征这些文献资源的目录体系；②依据一定的结构而组成的资源体系，它们共同构成了图书馆的文献资源体系。

第二，信息输出工作，即文献的使用和服务工作。用户基于自身的信息需求，或直接通过检索提出服务要求并得到图书馆所提供的服务，或间接通过图书馆信息开发人员的工作而得到附加值高的信息产品。

这两部分工作都是完成图书馆任务所不可缺少的，共同构成了图书馆业务工作体系的主体。

（二）不同组织机构的工作侧重点

图书馆的工作性质，决定了图书馆的组织机构设置，不同的图书馆有着不同要求和侧重点，具体如下：

第一，图书馆的综合办公室。图书馆的综合办公室日常业务主要是上级行政指令的上达和传达、日常工资领发、组织会议、职工福利发放等日常事务。

第二，图书馆的图书采编管理部。图书采编管理部包括图书采访、编目、网络管理等。图书采访主要完成图书遴选、计划、采购、访问、新书发布等，并完成图书总括登记、个别登记等工作。另外，完成图书分类、编目、盖章等图书进入流通环节的各项工作，包括新书通报的发布。

第三，图书馆的技术部。技术部完成集成管理系统，提供信息发布、图书服务、图书数据保存等功能。并对图书馆计算机硬件和软件设备进行日常维护和维修。

第四，图书馆的图书阅览部。图书阅览部包括报纸杂志阅览室、电子借阅室、读者自习室等。报纸杂志阅览室主要完成杂志报纸订阅、登记、分类及日常借阅管理；电子借阅室提供上网平台；读者自习室供读者自行学习。

第五，图书馆的图书流通部。图书流通部包括检索大厅、典藏书库及开架书库。检索大厅存放分类的图书信息卡片，供读者（手工）检索之用。每本书都有一个卡片，同时有相应的计算机检索系统。一般典藏书库供保存书籍使用，典藏有保存价值的文献，可依据不同方向和专业图书馆服务功能有所侧重地典藏。典藏书一般不借阅，但读者可以在现场查阅，不得带出图书馆。开架书库是读者借阅书籍的地方。由于过去这个书库不允许读者进入，现在都进入开放时代，故更名为开架书库。读者可以进入其中进行浏览并根据需求借用图书。

第六，图书馆的科技查询服务部。科技查询服务部主要服务于科研工作和高端用户，有的图书馆具备在读者申报各级技术职称时开具科技查新报告的最高权威部门。

四、图书馆的职能

图书馆的职能是指各级各类图书馆所共同具有的职能。这些职能贯穿于图书馆的整个发展过程中，不随图书馆的技术方法、服务手段等方面的改变而改变，也不随社会的发展而变化。

（一）整序运用社会信息职能

1. 整序社会文献信息流

社会文献信息的生产具有两个明显的特征：

（1）社会文献信息的连续性。连续性，是指社会文献信息一旦产生，它就不会停止运动，总是源源不断地涌现。如计算机的产生，随之而来的是大量的关于计算机知识的信息，这些文献会源源不断地继续下去，随着学科的发展而发展，社会文献流的这种连续运动状态，就叫作"文献信息流"。

（2）社会文献信息的无序状态。无序状态，是指社会文献信息的产生，从个体单一的机构来说是自觉的、有目的的，但从社会整体上来说则是不自觉的、无目的的；文献流向是分散的、多头的。文献的这种无秩序的、自然排列的流动状态就是"无序状态"。社会文献流的这种无序状态，给使用者带来了极大的不便。为了使它们能够合理地、有效地、方便地利用文献信息，控制文献信息流的流通，需要对文献信息进行整序。图书馆就是这种能对社会文献信息进行整序的社会机构。因此，对社会文献信息流的整序，就成为图书馆最基本的职能之一。

图书馆文献信息的整序工作，就是利用分类、编目等技术方法，揭示文献信息的内容特征和形式特征，通过对文献信息的科学分类、组织，以达到为读者提供文献信息服务的目的。

2. 开展社会教育

图书馆是社会教育体系中的重要组成部分，社会的需要使图书馆工作不再局限于收藏与管理任务。在这种情况下，图书馆逐渐对社会开放，广大读者涌进图书馆寻求知识，接受教育，使图书馆成为一个重要的社会教育机构。随着现代科学技术的发展，学习型社会的建立，人们对知识的需求越来越迫切，终身学习已成为绝大多数公民的必由之路，图书馆的社会教育职能越来越突出。

（1）进行思想教育。图书馆是国家文化教育事业的重要组成部分，它的根本任务之一是为政府服务。图书馆要大力宣传政府的方针、政策、法令等，使广大人民群众自觉地维护国家和人民的利益，为建设美好的祖国而共同努力。在现阶段，我国图书馆的任务就是开展社会主义精神文明建设，宣传社会主义法制、社会道德和行为规范，提高广大群众的基本素质，为建立和谐社会做出贡献。

（2）传播科学文化知识。图书馆传播科学文化知识，有着三个层面的含义：①为受教育水平较低的社会群体服务，为他们提供基本的科学文化知识，以提高他们参与社会竞争的能力；②为虽然接受过良好教育，但为了适应科学技术的发展而继续学习的社会成员服务，以促使他们始终能跟上社会的进步与发展；③为一些老年群体服务，为他们更新知识，使之适应社会。

（二）记录传递科学情报职能

科学技术是第一生产力，一个国家要发展生产力，就必须加强科学研究和创新。科学研究和创新具有明显的继承性、连续性。这就需要迅速地收集、掌握文献资料中的情报信息，以避免重复劳动。

现代科学技术迅速发展，记录科学技术的文献情报急剧增长，收集、整理需要花大量的时间和精力，科学家们自发地、分散地、孤立地收集科学技术情报资料已远远不能满足客观需求，需要专门机构、专门人员从事科技情报的收集、加工、整理和传递工作，于是专门的情报机构应运而生。图书馆作为情报资料的重要收藏机构，传递科学情报成为其最重要的社会职能。

图书馆收集国内外各学科、各专业、各学派、各种深度的文献资料，不仅向社会提供科技信息，同时还要提供政治、经济、文化、教育各领域的情报信息，以满足社会对情报信息的广泛需求。

（三）开发利用智力资源职能

智力是一种资源，只有被人们开发和利用，才能发挥巨大的能量，为人类社会服务。图书馆开发智力资源的职能体现在以下方面：

1. 开发文献信息资源

图书馆收藏的图书文献蕴藏着知识、信息，是人类的智慧结晶，也是一种智力资源，采用现代化的技术手段，将文献资料中的情报信息充分揭示出来，为每一条信息找到使用者，同时为每一个需求者找到他所需要的信息，从而使图书馆的智力资源得到充分的开发和利用，为社会创造新的物质财富和精神财富。

2. 开发人的潜在资源

人的智力是一种潜在的资源，只有经过开发，才能最大限度地发挥作用，图书馆关于人的智力资源开发工作与图书馆社会教育密切相关。①对读者进行学习方法和阅读能力的教育，培养读者的学习能力；②对读者进行情报信息检索知识的教育，以提高读者利用图书馆的能力；③读者利用图书馆丰富的文献资料，不断丰富自身的知识，更新原有的知识结构；④开办各种培训班、讨论活动，开阔读者的视野，启发读者的思维等。

（四）享受文化娱乐休闲职能

随着社会文明的进步和人类对生活质量的关注，人们对文化娱乐、休闲的需求越来越多。让广大社会民众走进图书馆，享受文化娱乐及休闲给人们带来的快乐，成为图书馆的另一社会职能，如图书馆可举办音乐茶座、音像放映等。真正地使图书馆成为人们生活中不可或缺的重要组成部分。

五、图书馆的宣传推广

近年来，国家和政府十分重视社会文化事业的发展，尤其加大了公共文化服务体系建设方面的投入。自 2011 年起，全国的图书馆相继免费开放，图书馆也开始被社会大众关注。只有加强图书馆的宣传推广，才能加深社会大众对图书馆的认识，才能实现图书馆社会教育的目标，提高社会大众的文化素质。

（一）图书馆宣传推广目标与意义

宣传推广就是一项让广大读者了解图书馆，让图书馆能够完成使命的宣传工作。其具体内容是指，通过一定的宣传推广形式，让图书馆的形象深入人们的脑海，对图书馆有一个立体全面的认知。了解图书馆该做什么、拥有什么、能做什么，以此吸引更多读者进入图书馆，将图书馆"用"起来，从而提升图书馆的资源利用率，扩大知识的传播范围，充实人们的生活内容。

1. 图书馆宣传推广的目标

图书馆的宣传推广工作主要有两个目标：①让社会大众对图书馆的功能和价值有个清晰的认识；②促进图书馆事业的发展，让图书馆更好地服务于文化和民生。

2. 图书馆宣传推广的意义

在网络时代下，人们对于图书馆馆藏资源的使用也出现了新的变化。为了满足新时期发展需求，图书馆也开通了免费无线网络。在这种情况下，全面加强图书馆的宣传推广，可以让更多的群众熟悉图书馆的现实情况，能推动全民阅读的良好氛围形成，这不仅能最大限度地发挥出图书馆的作用，同时也能有效促进图书馆的良好发展。

（1）有助于引导舆论。媒体是舆论引导者，图书馆应合理利用各新媒体进行公关，能够为图书馆发展营造良好外部舆论，让广大公众与社会组织加强对图书馆发展的支持与关注，还能利用媒体宣传与解读图书馆工作内容和服务，促进图书馆社会职能的发挥。

（2）有助于塑造社会形象。图书馆不能仅追求影响力的提高，还应当保证自身正面社会形象，获得公众的赞许与认同。而此过程中，图书馆可借助媒体宣传营造良好社会形象，扩大自身影响力，这需要以图书馆为读者提供长期专业、高效优质服务，以建立良好的图书馆形象。图书馆自身也需要长期努力，对媒体也需要长期依存，方能达到良好效果。

（3）有助于增强公众影响力。现阶段，媒体融合成为一种发展趋势，为将图书馆影响力提高，则必须做好媒体公关推广工作。而媒体作为传播信息的媒介，拥有塑造品牌的效用，尤其是在融媒时代下，此功能被进一步放大，通过媒体有效塑造图书馆服务品牌。在媒体传播下，可凸显图书馆服务创新的效果，加深其品牌影响力，扩大图书馆的社会效应，从而提高图书馆的竞争力。

（4）有助于做好图书馆公关工作。

第一，设置公关机构。图书馆管理中，公关活动已经成为重点内容，受到了图书馆的重视。所以，需要设置媒体公关机构及新闻发言人。新闻发言人是公关活动的重要策略，可借鉴政府机构模式设置此制度，构建图书馆、公众与媒体之间的互动平台，避免危机事件损害图书馆声誉，同时保证公众知情权。

第二，强化与媒体互动。图书馆应当采取请进来、走出去的方式。在请进来中，定期邀请记者、总编等召开座谈会，在每年春节前，举行联谊会、茶话会等，总结媒体宣传经验，明确下一年对外宣传重点；在走出去中，则邀请媒体座谈、参观，以加强两者之间的互动交流。

第三，善于捕捉新闻。图书馆应当具备善于发现和捕捉新闻的能力，方能有声有色地做好图书馆宣传工作，否则将失去媒体公关的意义。在此种情况下，要借助媒体影响力，加强图书馆宣传。在捕捉新闻的过程中，不仅是等待宣传机会，也要做到主动创造机会，注意捕捉新闻并不是无中生有，而是捕捉有亮点、真实的人与事，以吸引、打动公众，引导社会舆论。图书馆应当提高自身危机事件意识，做好危机管理的准备，提升应对危机公关的能力。事后要及时做好补救措施，认真总结经验教训，妥善处理负面报道，避免再次发生类似事件。

（二）图书馆宣传推广的策略

1. 转变思维，提升宣传推广意识

图书馆要推动事业发展，必须进行思维转变，加强宣传推广意识，形成竞争意识。图书馆要想提高自身影响力，必须要以内容实力做基础，宣传推广为助力。提升各图书馆宣传推广意识至关重要，这是使图书馆重新散发魅力的关键。

提升宣传推广意识的同时要明确宣传对象。在图书馆宣传推广活动中，为了提高其有效性，就需要进一步明确宣传推广的主要对象，以此减少该项工作的盲目性，促进图书馆宣传推广效果的提升。具体来说，图书馆的宣传推广对象主要分为两种情况：①社会民众；②政府部门工作人员。对于社会民众宣传，其主要目的让社会群众可以意识到图书馆

的改变，可以积极地到图书馆阅读，以此强化图书馆的社会服务功能。在宣传推广内容上，要着重推广图书馆的馆藏资源、空间陈列、服务方式等。图书馆对政府部门进行宣传推广的主要目的是让政府部门能更加全面地了解到当前图书馆的发展状况，把握图书馆的实际需求，以此获取政府部门的支持。此外，政府部门也可以因此了解到图书馆的服务内容、服务方式，能更加合理地应用图书馆资源。

2. 重视互动性与体验性

在全媒体时代，互动性与体验性是用户关注的重点，也是媒介宣传推广工作的趋势。图书馆在进行宣传推广工作时，要加入互动性设计体验，使读者产生兴趣。增强互动性与体验性可以从以下两个方面入手：

（1）建立更多与读者沟通的途径，了解读者需求，加强针对性，制定个性化服务，吸引读者目光。

（2）在服务方式上，要进行创新，改变"馆内专有宣传推广人员"的想法，邀请读者参与到图书馆的宣传推广活动中来，使读者在获取体验感的同时，了解图书馆的情况，从而提升图书馆资源利用率。

3. 制定宣传推广实效战略

图书馆开展宣传推广工作的首要任务是认清自身发展的战略定位，图书馆应通过调查研究等方式深入了解广大人民群众的文化需求，结合群众的年龄结构和兴趣爱好制订科学合理的推广宣传方案，并在现实推广过程中根据国情民意不断进行调整，以服务群众需求、改善社会阅读风气为目标，进一步增强开展推广宣传工作的实效。

（1）借助宣传片实现图书馆宣传。在互联网时代下，图书馆可以根据自身的现实情况，制作相应的宣传短片，对其进行宣传推广活动。图书馆可以通过 LED 显示屏，播放宣传短片，对图书馆的服务内容、空间布局等进行宣传推广，打造"阅读丰富生活、智慧推动发展"的文化氛围，以此提升图书馆在社会的影响力。

（2）借助电视平台进行宣传推广。对于图书馆在进行宣传推广时，通过公益广告、特别节目等方式，会在很大程度上加深人们的认知。在实际中，图书馆还可以加强与电视台的合作，一方面可以与电视台共同打造关于图书类的特别节目，借助电视节目来提升群众对于图书馆的认知；另一方面图书馆还可以通过公益广告的形式，在电视台播放出来，这样可以在很大程度上提高图书馆的宣传范围，提高其宣传推广效果。

（3）通过报纸杂志及户外媒介进行宣传。在实际中，报纸、杂志等虽然在图书馆宣传上没有电视宣传那么形象、生动，但是图书馆却可以在报纸、杂志上刊登一些与图书馆服务相关的内容，如公益讲座、图书沙龙等。图书馆可以通过当地的一些报刊进行宣传活动，让更多的人群了解到图书馆状况，满足图书馆发展需求。在实践中图书馆还可以通过户外媒介进行宣传推广，借助公共场所的广告牌开展宣传推广活动，能在很大程度上提高受众对于图书馆的了解。在现代城市中，经常可以看到各种霓虹灯广告、巨幅路牌等，图书馆可以在地段比较好、人口比较密集的区域，通过路牌广告开展宣传推广活动。如在地铁站的排队候车区域，设置相应的广告牌进行图书馆宣传推广。在地铁内部也可以进行宣传推广，甚至可以在地铁中陈列相应的书籍，以此提高宣传推广效果。

（4）通过互联网进行宣传推广。在网络时代下，图书馆还应该积极地利用互联网手段开展宣传推广活动，借助图书馆官网、微博、微信等平台实现宣传推广。在图书馆的官方网站中，可以设置图书资源、图书馆服务、读者互动、图书专题等栏目，让读者可以更加全面地了解图书馆信息。同时在图书馆服务栏目中，还可以设置多元文化、图书咨询、创意服务、在线阅读等各种栏目，满足读者的个性化阅读需求。通过网络宣传推广，能让读者不受时间、地点等因素限制，了解到图书馆的信息，而图书馆工作人员也可以更快地回答读者的问题。图书馆借助微信、微博等平台，可以发布宣传图书馆的特色服务、节假日开放情况、品牌活动等，极大地提高图书馆的宣传推广效果，促进社会大众对于图书馆的了解，这对于图书馆的良好发展有很大帮助。

4. 塑造特色形象

当今社会，人们想获取资源的途径也不再单一。在此种形势下，图书馆想要被读者选择，就必须使自己独具特色，要有特殊魅力。图书馆利用传统的方式进行介绍依旧不可抛弃，但在此基础上，图书馆要形成自身的核心文化，如塑造文化品牌、打造馆内故事等。拥有丰满、立体形象的图书馆才能够让读者感兴趣。近年来，"图书馆微电影""图书馆故事"等活动都得到了较好的反馈，可以成为众多图书馆宣传推广工作的参考。

5. 利用媒体融合，宣传创新

现在图书馆要将多种媒体形式结合起来，融合发展，使宣传推广的途径更加多样化，从而扩大宣传推广的范围，让图书馆焕发新生。网络是现今社会的潮流，其具有互动性强、能够实时交流、传播迅速等优点，若是能够将传统媒体与之结合来宣传推广图书馆，则能使图书馆快速重回大众视野。例如，可以进行图书馆内情况实时直播，让读者能直观地感受图书馆的建筑魅力。另外，还可以开展线上读书活动，让被时间束缚的人群也能参与其中。

在宣传推广过程中，图书馆应当利用媒体时代下的各种技术平台，与电视台、报社等新闻媒体保持联系，充分利用图书馆阵地，在橱窗、服务窗口等地方张贴宣传海报、放置宣传资料，通过为读者热心讲解让其对图书馆有所了解。图书馆应当利用专属网站平台，在栏目设置中考虑读者需求，凸显图书馆特色，包含概况介绍、用户服务、馆藏书目、最新动态、读者指南、电子服务、网络导航、特色馆藏等，添加用户定制功能，利用智能软件或电子邮件实现信息推送。用户可依据自身需求选择页面风格、特色资源及内容组合，构成定制图书馆网页。另外，图书馆还应当借助微信平台、公益广告等拓宽宣传渠道，制作小视频投放到互联网上，以营造书香氛围，契合读者需求，从而易于传播推广。

6. 培养高素质宣传团队

图书馆为了加强宣传推广，应当培养复合型高素质宣传团队，人员不仅要掌握多方面推广知识，拥有较高表达能力，还应熟练应用图片处理软件、网页编辑软件等，全面了解图书馆特色与职能，拥有较高业务水平。

图书馆的推广人员应善于应用自媒体，拓宽推广渠道。当前的网络社区，存在互动性强、门槛低、个性化、易操作的特点。图书馆在宣传推广中，应当注意标题制作，其具有内容导读作用，在选择标题时需要揣摩读者内心，利用当前关键词与热词，保证标题凝练鲜明、准确到位，以吸引更多读者眼球。

7. 创新宣传推广内容

在推广过程中，图书馆应当加强数字资源推广，包含数字化处理的馆藏文献信息及特色资源库。在图书馆中建设多样化数据库，组织、加工并处理各类电子出版物网络信息，以构成虚拟信息资源库。此种数据资源拥有易于传播、节省空间、适用范围广、信息存储量大的优点。

图书馆与互联网思维相融合，推动了图书馆服务创新。成都图书馆在五楼创建了实体空间，配套沙发、电脑、投影仪、圆桌等，在数字媒体区配置了无线网络、3D 打印机等，且实现了身份证一卡通，使用身份证轻轻一扫即可借书还书，让读者享受了海量图书资源，从而赞不绝口。对于此种服务创新，图书馆应当加强推广，有助于用户明确图书馆资源使用方法。

8. 规范宣传推广网络平台设置

规范图书馆网络服务平台的设置，并加大服务平台的宣传推广力度。目前，大部分图书馆的微信公众号名称和新浪微博名称都是以图书馆原来的名字来取名的，极个别的图书馆会添加或者删除"××省"等字样；图书馆一般都会以馆徽或者是馆舍照片作为微信或者微博的头像，但是仍然会有头像不规范或者空缺的情况，并且还有部分图书馆没有进行官方认证，用户就会对平台的官方性质和发布的信息产生怀疑。

（1）图书馆需要加强规范网络服务平台的设置。

第一，网络服务平台的命名要规范，微信公众号和新浪微博的命名可以是图书馆的本名，比如"××图书馆"，也可以在此基础上添加或者删除省份，比如"××省××图书馆"，还可以添加"官微"二字，比如"××图书馆官微"。

第二，网络服务平台的头像设置要有图书馆的馆徽或者馆舍的照片，同时需要做好网络服务平台的认证工作，增强用户对图书馆的信任度。

（2）图书馆需要加大网络服务平台的宣传推广力度。①图书馆的官方网站可以对其他服务平台的开通进行通知，主要是指微信公众号和新浪微博，可以将它们的二维码放在网站显眼的位置；②在图书馆的大门口、电梯内、桌子上都可以摆放微平台的二维码，借书证和读者证上面也可以印上二维码；③微信平台推送的每一篇文章最后都要加上微信公众号和新浪微博的官网二维码，还可以定期开展一些奖励活动，加强微信和微博平台的宣传推广。

（3）提高图书馆微平台信息推送的数量和质量，重视挖掘微平台的特色功能。图书馆需要提高微平台信息推送的数量和质量。

第一，要在保证推送信息真实性和准确性的前提下，注重发展特色内容，比如当地的一些地方特色内容，包括发展历史、风俗习惯、文化遗产等，皆可以丰富用户的见闻，还可以形成图书馆特色。

第二，图书馆新浪微博平台应该注重原创微博推送，坚持以原创为主、转发为辅，重视推送内容的创新，以吸引更多的用户。同时，图书馆还需要重视挖掘微平台的特殊功能，以增强与用户的互动性，如微信的语音和视频功能，微博的微访谈、微直播功能等。

（4）定期维护图书馆网络服务平台，提升读者对图书馆的体验感，图书馆开通了网络平台服务，就需要定期对这些平台进行检查和维护，一旦发现问题就要及时处理，避免影响用户的体验感，要保证图书馆官网、微信公众平台、微博等平台提供的服务能够正常使用，以新浪微博为例，图书馆的微博要保证发布和推送信息，能够正常回复用户的提问和评论。只有定期对这些网络平台进行维护，才能给用户良好的体验，才能长期留住客户。

以网络、媒体等为传播媒介扩大影响力，让更多人了解具有当地特色文化，推动反映新时代发展进步、休闲生活的文艺精品、文化成果走向全球。

第二节　图书馆管理的内涵及特征

一、图书馆管理的内涵

图书馆管理是一项十分复杂的工作，它需要协调各方、做好规划、整体布局、有效控制，将人力、物力等多方面的资源合理配置，优化组合，使整体效能最优化，这样的建设布局才与图书馆建设的长远目标基本吻合，才符合未来的建设与发展布局。

图书馆管理可以细化为基层管理、中间层管理与高级管理三个层次，管理主要是针对馆内书籍、基础设施、资金花费等方面而展开的。管理究竟涉及哪几个方面，涵盖怎样的范围与管理对象之间的联系十分紧密。具体包括整个馆内的部门体系、行业的建设整体布局等方面；此外，还包括馆内网络、分类网站等。我们之所以要开展图书馆的管理工作，根本原因就在于被管理对象能够与社会系统建设相互协调。从管理方式的角度而言，可以将其细化为法律、行政和经济几个类型。

从管理结构的角度来说，图书馆之间存在大小的差异，因此要结合它们之间的规模来决定采取哪一级别的管理，可以是一级模式，也可以是多级模式。管理的质量究其根本还是能够充分体现出工作人员之间的协作效果。从具体的管理内容来看，最初图书馆的管理还相对比较保守；随着图书馆功能的不断完善和健全，管理的开放性特征愈加凸显，图书馆的实用价值被高度彰显出来。资源的共享程度越来越高，现代化特色日益明显，管理过程中的速度、反应快慢等越来越被强调。

图书馆管理主要是针对图书馆系统而展开的。我们如果对管理进行分类，可以从宏观和微观两个方面来进行探析。前者是针对整个社会的图书馆事业而言的，后者则是针对个体化的图书馆管理来说的。

在判断一个图书馆的绩效究竟如何时，一个重要的参照标准就在于服务对象的需求是否得到了满足。对于图书馆而言，让读者获得满意是其最高的追求。图书馆无论是哪种环境条件下，都必须时刻关注读者的感受。管理的最终目的也是为了追求更好的读者口碑，有效利用各种人力、物力、信息等资源，使其为图书馆的高效运作所服务。

二、图书馆管理的特征

（一）图书馆管理的综合性

从空间上来说，图书馆管理的综合性贯穿于一切图书馆活动中，存在于图书馆活动的一切方面和一切领域，凡是有图书馆活动的地方，就有图书馆管理存在。从时间上来说，它与图书馆共始终。

随着信息技术的发展，图书馆的形态会发生一些变化，传统的纸质图书馆会逐渐萎缩，虚拟图书馆、电子图书馆、数字图书馆或网络图书馆逐渐登上历史舞台。但人们认为，只要还存在图书馆活动，不管其形式如何，仍然离不开管理。因此，在图书馆发展的长河中，管理是无处不在、无时不有的一种社会活动，它横贯图书馆系统各个层次、涵盖一切领域，具有综合性。

（二）图书馆管理的依附性

任何图书馆管理都必须依附于一定的图书馆业务工作，它的全部实际内容和具体形式离开了其他的业务活动就不能单独存在，图书馆管理是对某种业务活动（文献采选、分类编目、书刊借阅、参考咨询、文献检索、情报研究等）的管理。图书馆管理的这种依附性主要表现在：图书馆管理的目标必须依托于具体的业务活动才能实现，图书馆管理的过程总是伴随着其他业务活动的进行而展开，图书馆管理的结果总是融合在其他业务活动的成果之中。也就是说，图书馆管理必须以其他某一种、某几种或全部业务活动作为自己的"载体"。

（三）图书馆管理的协调性

协调性是指调节和改造各种管理对象之间的关系，使它们能相互适应，按照事物自身固有的规律性在整体上处于最佳的功能状态。

图书馆管理在一定意义上是以图书馆系统的各种业务活动为自己的对象，是对这些业务活动之间的关系以及这些业务活动内部的各种要素之间的关系进行协调的活动。因而，为与各种业务活动相适应，就有协调这些活动的采访管理、分编管理、借阅管理、咨询管理等形式，这些管理活动是通过协调各种业务活动而间接地对它们起作用，从而改变它们的存在状态。

图书馆管理的主要任务是协调人们之间的关系和利益，协调人们活动的状态和过程，使图书馆各种业务活动的要素之间建立某种有序的优化结构。

图书馆管理是一种柔性的社会活动，图书馆管理者一般并不直接从事信息产品的生产或信息服务活动，他们主要是通过协调各种业务活动的内外关系，特别是馆员之间的关系以及馆员和读者之间的关系，使各种要素、各个环节在共同目标，即最有效地满足读者的信息需求的指引下，消除彼此在方法、时间、力量或利益上存在的分歧和冲突，统一步调，使图书馆的各种业务活动实现和谐运转，结合成一个有机的整体。

（四）图书馆管理的组织性

图书馆管理的组织性是因为图书馆管理活动总是通过一定的组织（如学校图书馆、科学图书馆、企业图书馆、公共图书馆、工会图书馆等）进行的，这种组织是由进行管理活动的人所组成的一个有序结构。组织即是管理的主体，因而任何图书馆管理都是由一定的组织机构（即特定的图书馆）去进行的；同时，组织又是管理的对象，因为任何图书馆管理都是对一定组织（即特定的图书馆）的管理，孤立的、离开了一定组织的人，是无所谓图书馆管理的。

图书馆管理活动本身就是一种组织活动，这种组织活动将分散的资源如人力、物力、财力、信息等组合起来，形成一个稳定的、能够不断根据客观环境的变化而进行调整的物质和社会双重结构。这种组织过程把各种离散的、无序的事物结合成一个相互联系、相互制约的管理组织系统，这是图书馆管理活动得以进行的物质和社会实体；同时又能不断地根据变化着的外部和内部情况，对管理活动的各种要素之间的关系进行调整，以求相适应的最佳物质与社会的匹配关系，使图书馆系统朝着管理的目标运动。前者指的是静态的组织性，它表现为一种有序的组织形式；后者指的是动态的组织性，它表现为一种能动的组织职能。图书馆管理的组织性既是图书馆管理最基本的特征，也是其他特征的内在根据和机制。

（五）图书馆管理的经济性

第一，图书馆管理的经济性反映在图书馆资源配置的机会成本上，管理者选择一种资源配置方式是以放弃另一种资源配置方式为代价而取得的，这里有个机会成本的问题。

第二，图书馆管理的经济性反映在管理方式方法选择上的成本比较，因为众多可帮助进行资源配置的方式方法，其所费成本不同，故如何选择就有个经济性的问题。

第三，图书馆管理是对资源有效整合的过程，因此选择不同资源供给和配比，其成本大小的问题也是经济性的另一种表现。

（六）图书馆管理的科学性

图书馆管理的动态特性并不意味着图书馆管理没有规律可循。尽管图书馆管理是动态的，但还是可将其分成两大类：①程序性活动；②非程序性活动。程序性活动，就是指有章可循，照章运作便可取得预想效果的管理活动，如制定读者服务工作中的各种规章制度，制定人员管理工作中的录用、奖惩、培训等方面的条例，制定行政管理的各种规章制度，制定后勤管理的各种规章制度等。非程序性活动，就是指无章可循，需要边运作边探讨的管理活动，如建造新馆、建设图书馆自动化系统、图书馆组织机构的调整、复合图书馆的设计等。这两类活动虽然不同，但又是可以相互转化的。实际上，现在的程序性活动就是以前的非程序性活动转化而来的，这种转化的过程是人们对这类活动与管理对象规律性的科学总结，图书馆管理的科学性在这里得到了很好的体现。

（七）图书馆管理的艺术性

由于图书馆管理对象分别处于不同系统（如科学院系统、文化系统、教育系统、工商企业系统等）、不同部门（如采访部、编目部、流通阅览部、典藏部、参考咨询部、研究辅导部、信息技术部、特藏部等)、不同环节（如出纳台借还、书库整理)、不同资源供给条件等环境中，这就导致了对每一个具体管理对象的管理没有一个唯一的完全有章可循的模式，特别是对那些非程序性的、全新的管理对象更是如此。因此，图书馆具体管理活动的成效与管理主体管理技巧的娴熟程度密切相关。事实上，管理主体对管理技巧的运用与发挥，体现了管理主体设计和操作管理活动的艺术性。由于在达成图书馆资源有效配置的目标与现行责任的过程中，可供选择的管理方式、手段多种多样，因而如何在众多可供选择的管理方式中选择一种合适的用于现实的图书馆管理之中，也是管理主体进行管理的一种艺术性技能。

(八) 图书馆管理的变革性

管理在本质上是变革活动，是使人获得真正自由的活动。图书馆管理有其保守的一面，它要维持图书馆系统一定程度的稳定，要用一定的原则、规章制度约束图书馆的成员。但是，保守性、束缚性只是使图书馆获得发展、使个人获得真正自由的手段，因而是暂时的、相对的。

稳定是运动的一种特殊状态，因为图书馆系统中的人、财、物、信息等要素是不断变化和发展的，图书馆系统外部的经济、政治、文化、科技等环境也在不断变化。要实现对图书馆的真正有效管理，目标和计划就要反映对象的变化，协调活动就要使系统内外因素的配合在变动中趋向合理，要不断通过信息反馈实现对图书馆的动态控制，要根据图书馆的发展改变建立合理性的规章制度。可见，图书馆管理的变革性是由图书馆本身的活动决定的，具有客观性。

图书馆管理的变革性更重要地表现为其发展演化。图书馆管理是一种主观见之于客观的活动，它要反映图书馆的变化，不仅要反映图书馆现时的变化和图书馆变化的趋势，还要反映趋势的转变。图书馆管理只有通过科学预测、设立目标、制订计划、完善组织、实施控制等一系列动态管理活动反复循环才能得以实现。

第三节　图书馆管理的原理与内容

一、图书馆管理的原理

(一) 图书馆管理的人本原理

"随着时代的发展与进步，'以人为本'的理念已经渗透到各个层面当中，成为一种主流思想。"① 人本是以人为本，原理是事物发展的本原及道理，是事物发展的最普遍、最基本的规律。图书馆的人本原理就是以人为本来进行管理。人本原理是指管理者要想达到既定的目标，那么所开展的一切组织活动都必须以人为前提，要把人的需求放在管理的第一位。管理的本质就是激励人们去实现既定的组织目标。管理作为一种特殊的社会活动，它各种工作的开展都需要人去推动，所以在管理的过程中，管理者应该将人放在中心地位，并通过一系列的手段去激励人们行动。因此，在管理中要立足于人，要把人看作是管理的主要对象以及图书馆最重要的资源，这才是图书馆施行人本原理的关键。图书馆管理者要想充分调动人员的积极性，就需要遵守人本原理的几个原则。

1. 能级原则

管理意义上的能级具体体现在个人的能力上，这种能力是取决于个人的先天素质（如智力）与后天努力（如专业知识、技能、职业道德素养、身体素质等）。图书馆的管理能级原则是指管理者根据管理功能将管理系统划分成不同的级别，并在其中添加相应的管理内容及其与之匹配的管理者，并为之建立各种标准和制度，形成严格的组织网络体系，使图书馆的管理活动可以有序地进行。随着用户对图书馆服务需求的日益增加，人们会发现很多图书馆把建立合理的能力作为图书馆优化管理的重要内容。

图书馆管理的能级必须按层次具有稳定的组织形态。通常情况下，相对稳定的组织形态向人们呈现的是三角形的形态，三角形之所以稳定是因为它上面具有尖锐的锋芒，但是它也具有宽厚的基础。图书馆管理的三角形呈现四个层次，最高层是图书馆的领导层，也可以说是决策层，它可以决定图书馆的发展方向；第二个层次是图书馆的管理层，这个层次主要起到上传下达的作用；第三个层次是图书馆的执行层次，主要执行管理层传达的指令，可以直接调动人员进行工作；最底层是操作层，是指图书馆各岗位的操作人员，负责具体执行各项基础任务。

图书馆管理的不同能级都有不同的权利、职责，在管理的过程中不同能级需要根据自身具有的权利和职责开展工作，所谓在其位，谋其政。现代的图书馆管理需要使各个岗位人员处于相应的能级之上，但是需要关注各个岗位上的人员与能级的匹配程度，所以必须组织培训，使各岗位上的人能不断适应日新月异的变化，使之能动态地实现能级对应，这样才可以发挥管理的最大效用。

2. 动力原则

任何事物的运动都需要动力的支持，动力越大，运动就会越快越持久。管理运动包含两个相互联系的问题，即动力源与动力机制。

---

① 张栋：《论现代图书馆管理与服务的人本化》，载《文化产业》2022年17期，第96页。

管理的动力源是指从事管理活动的人在管理的过程中产生的种种需求，如对于制度的需求等。管理的动力机制是指一种确定的刺激、引发、导向、制约动力源的条件机制。一个合理的动力机制，最开始需要把动力源激发出来，同时引导人们朝着指定的方向前行，这样才能推动组织目标的顺利实现。总体来说，图书馆管理的动力源主要有两种类型，包括从动力源角度划分的物质动力和精神动力，从动力机制角度划分的信息动力。

（二）图书馆管理的系统原理

系统是指将零散、杂乱的东西通过有序的排列、整理形成的具有整体性的统一体，并且系统各要素之间是相互作用和相互配合的。在宇宙中，任何事物都是依托系统而存在，可以说任何事物都离不开系统。图书馆作为一个完整独立的系统，主要分为：①系统要素。系统要素是指构成图书馆系统的组成成分以及构建图书馆组成的相关条件。②系统结构。系统结构是指构成图书馆系统各部分的组成方法以及相互关系。③系统功能。系统功能主要表现为系统整体与局部功能的总和。④系统联系。系统联系是指系统内部各个子系统与主系统之间的联系以及子系统与子系统之间的联系。⑤系统历史。系统历史是指图书馆系统产生及发展的过程史。

图书馆系统是由不同层级的子系统组成的，各个子系统需要在各自的岗位上发挥应有的功效。高级子系统的主要任务是向下传达系统的指令，最后考核该层级子系统对于指令的完成情况；低级的子系统需要完成上一层级布置的任务，并在相关层级子系统的帮助下共同完成。所以，在图书馆系统的管理过程中需要协调好各个层级的子系统，必要时需要相关制度来配合执行，防止各部门在执行的过程中出现相互推诿的现象。

（三）图书馆管理的动态原理

动态原理的实质就是由系统的动态性特征决定的，而动态性特征又决定图书馆管理的灵活机动与留有余地，只有这样才能使管理具有应变各种问题的能力，才能保证目标的顺利实现。动态原理既要求管理者需要根据图书馆的实际情况采取灵活机动和留有余地的动态管理，又要求管理者在管理的过程中讲求效率。因而，作为图书馆的管理者，在以动态原理为指导原则的情况下，应该随时观察系统的时空变化特征。此外，管理者在观察的过程中还应该注意以下几点：

1. 时空的互换性

在系统的运动过程中，一定条件下时间因素通常可以转化为空间因素；反之，在一定条件下空间因素也可以转化为时间因素。例如，在一段时间内图书馆馆员总会感觉自己的时间有限，工作总是非常多，这个时候人们就会发现不是这个人的时间有限，而是他所从事的工作太多了，活动的范围也相对加大了，即这时的时间转化为空间。

2. 时空的相对性

哲学上常常会把时间和空间的依存关系看成是事物的演化秩序，时间和空间是彼此联系的，人们会发现时间加长的时候空间就会被挤压，相反，当空间加大的时候时间就会被压缩。例如，图书馆的开放时间。如果没有时间的限制，图书馆可以延长开馆的时间，但这种服务模式是被动的，相当于等客上门，所以图书馆可以采取新的服务模式，如主动将书送到用户手中。

二、图书馆管理的内容

图书馆管理是通过决策、计划、组织、控制、协调实现的。各环节之间不是相互割裂的，而是相互联系、相互制约，共同作用于管理运动的全过程，形成了图书馆管理的特定内容。

（一）图书馆管理的决策

图书馆管理离不开正确的决策，图书馆系统的决策主要包括图书馆发展方针、政策、战略方面的决策；各项业务工作的决策，如采集文献品种与复本数量的决策、分类法的选择、馆藏划分最优方案的选择、排架方式的选择、开架与闭架方式的选择等；人事方面的决策，包括人员智力结构的确定、人员更新与培训的方式、奖惩制度的制定等；财务、设备方面的决策，包括经费预算及其合理分配，设备、用品的选择等。

正确的决策来源于正确的判断，正确的判断来源于周密细致的调查研究。因此，深入调查研究是决策过程中避免失误和少犯错误的重要一环。

（二）图书馆管理的计划

计划是管理过程中的一个十分重要的因素，计划是一种预测未来、确定目标、决定政策、选择方案的连续过程，是图书馆各项活动的指针，图书馆系统的各方面决策都是要通过计划去实现的。

图书馆计划包括两个基本方面：

第一，国家图书馆事业发展计划。国家图书馆事业发展计划应包括：①图书馆事业总体规划：规定图书馆发展的总量与速度，确定重点与比例，平衡各类型图书馆的建设和布局；②图书馆网的发展计划：规定图书馆网的组织形式及其结构；③专业人员的培养计划：包括正规的学校教育、职业技术教育、函授教育、在职教育等多层次教育形式；④科学研究与协调发展计划：包括基础理论研究、重要科研项目、技术设备和服务手段以及引进技术与大型协作计划等。

国家图书馆事业发展计划是各分项计划的集合，一个馆的总体计划是本馆内各个部门计划的集合。在制订各项计划时，应明确该项计划的主要任务及其在总体规划中的地位和作用，认真选取衡量该项计划发展水平的主要指标，确定发展的规模和速度，突出发展重点，规定适当比例，注意各项计划之间的协调。应当指出，在编制图书馆计划时，必须通过统计工作收集可靠的数据指标并根据各项相关的指标谋求最佳的发展方案。

第二，个体图书馆的发展计划。个体图书馆的计划有长期计划与短期计划、全馆计划与各个业务部门的计划、本馆的整体发展规划与各局部的发展计划等。

（三）图书馆管理的组织

组织指对活动所需的资源加以组合、建立组织的活动与职权间的关系的过程。组织是发挥管理职能、实现管理目标、完成计划的保证。组织工作是一个分工的行为，同时又是一个组织各方进行协作的行为。组织工作还包括人事工作，亦称人员配备，即为组织的工作过程中设置的工作岗位配备合适的职工人选。因此，在图书馆管理系统中必须要有健全的组织机构，明确各个工作岗位的职责，确立各级人员之间的相互关系，做到职责分明、权责结合。只有这样才能实现管理过程中的各项决策和各项计划。

（四）图书馆管理的领导

领导影响人们为实现组织的目标而努力，包括激励、领导的方式方法、沟通等问题。图书馆要建立合理的领导层的群体结构，注意选拔主导型人才，重视领导者群体的智力结构，加强领导者之间的团结协作。图书馆的领导者应当注意在正确运用合法权利、奖励权力、强制权力之外，学习和掌握图书馆专业知识和管理知识，不断完善本人各方面的素质，增强自己的专家权力和个人影响力。要重视对领导艺术的学习与实践，包括授权艺术、决策艺术、会议艺术、用人艺术、奖励艺术等。

（五）图书馆管理的控制

按既定的工作计划、标准去衡量各项工作成果并纠正偏差，使工作按计划的方向进行。所以，控制不仅是对现有工作成果进行评定，更重要的是认识和判断工作发展的趋势并为改进工作提供信息反馈。控制的功能是通过输入、中间转换、输出、反馈四个环节实现的。

第一，输入。输入包括两个方面：①物流的输入（包括人、资金、设备、物资、文献等）；②信息流的输入（包括各种决策、计划、规章制度等）。

第二，中间转换。中间转换包括物流、信息流在图书馆各层次系统中的实际运动过程。

第三，输出。输出包括品种、数量、成本等各种指标。

第四，反馈。反馈即将输出信息回收到输入端，与原给定物流、信息流进行比较，发现差异，查明原因，干预以消除。这样就达到了控制的目的。反馈是控制中最重要的一环，反馈的信息有真假之分，必须对反馈的信息进行去伪存真的分析，以便对图书馆系统的各个工作环节进行有效的控制，保证图书馆均衡地完成工作计划，取得最佳的服务效果。

（六）图书馆管理的协调

协调是管理过程中不可缺少的环节，它可以使图书馆事业的建设或一个图书馆的各项工作趋向和谐，避免矛盾和脱节现象。

第一，宏观角度的图书馆协调是指与图书馆外部的协调。这种馆际之间的协调分为：①纵向层次的协调。纵向层次的协调指的是本系统图书馆从上至下的协调。②横向层次的协调。横向层次的协调指的是本图书馆系统方针、任务与其他图书馆系统的协调。如省级图书馆属于图书馆系统，除了要与整个图书馆系统协调外，还要同高等学校图书馆系统、科学图书馆系统及其他图书馆系统进行横向协调，使各个图书馆系统紧密联系、均衡发展，从而充分发挥各种类型图书馆的功能，为广大用户服务。

第二，图书馆的协调从微观角度来看指的是图书馆内部纵向和横向的协调。纵向协调就是要保持图书馆各层次子系统的上下平衡；横向协调就是要保持图书馆系统各层次彼此之间的协作，以避免各个工作环节和各个部门之间发生脱节或失调现象。

第四节　图书馆管理的原则和方法

一、图书馆管理的原则

（一）图书馆管理的系统原则

每一个图书馆都是一个元系统，它由若干个子系统构成，同时又处于图书馆事业更大的系统之中，是图书馆事业乃至社会知识信息交流大系统的子系统。它具备了系统功能、层次结构、整体性以及与外界进行物质、能量、信息交换的普遍特征，因此，系统理论成为图书馆管理的主要指导思想。系统管理必须注意五个环节。

（1）目的性。图书馆的部门乃至每一个人的工作都不能仅仅从自身目的出发（为了工作而工作），而应当记住大系统的总目标，服从总目标，为实现系统的目标而努力。

（2）整体性。管理必须有全局观点，必须有一个系统的统筹规划，必须有一个考虑了尽可能多的因素的模式。

（3）层次性。系统的各层次之间应该职责分明，领导做好领导的事，各层做好各层的事，这样才能达到有效的管理。

（4）联系性。图书馆各系统间由于工作性质不同产生了各个不同的部门，但它们彼此是有相互联系的，每个部门或系统出现问题或纰漏都会影响其他部门的工作。

（5）均衡性。图书馆各个系统必须维持均衡发展，因为它是图书馆系统的有机整体，一环套一环，不可偏颇。

（二）图书馆管理的动力原则

图书馆是一个不断运动着的、变化的客体，任何运动必然有其动力来推动，图书馆发展的动力来之于用户的需求和内部工作人员的活力激发。

现代图书馆管理的基本动力包括：①物质动力。这是满足图书馆工作者生理需要的最根本动力，包括工作人员的工资级别、奖金发放、福利待遇、住房条件等。②精神动力。包括事业理想、精神鼓励、发展前途等。③信息动力。信息不仅为管理者提供了决策依据，而且也为被管理者提供了行动的推动力。这三种动力在不同的时间、不同的场合起着不同的作用。只有正确使用各种动力才能提高管理水平。

（三）图书馆管理的集中原则

集中管理包括四层含义：①指图书馆事业建设要有集中统一的管理，以便协调全国各系统、各地区图书馆的工作，有目的地规划全国图书馆事业的发展，组织全国性的图书馆事业网络或图书馆联盟；②指图书馆业务技术工作的标准化和规范化，其中包括统一分类、统一编目、统一数据存储格式和信息交换标准等；③对图书馆立法、人员编制、人员技术职称等行政工作集中管理；④具体到一个图书馆要有一个明确的办馆思想，这是贯彻集中统一管理原则的思想基础；还要建立健全一套较为完善的图书馆政策和规章制度，做到依法治馆。

（四）图书馆管理的民主管理

民主管理是我国图书馆管理的又一重要原则，是吸收图书馆工作人员和用户代表参加图书馆的管理工作，图书馆可以建立有馆员和用户代表参加的民主管理组织。

建立这个组织的目的是促进图书馆管理的水平，它在图书馆管理上起着参谋作用，其任务有四：①对图书馆工作提出合理化建议和改进意见；②督促图书馆工作计划的执行；③对专业人员的安排和使用提出建议；④对领导干部的工作进行监督等。

（五）图书馆管理的效益原则

效益是管理的根本目的，管理就是对效益的不断追求。图书馆管理就是提高办馆效益。图书馆办馆效益包括社会效益和经济效益。社会效益是通过为用户提供知识信息服务从而产生政治、经济、文化、思想等方面的效果。这是图书馆存在的价值取向，但这种社会效益多半是隐性的、长期的，不容易用数字来衡量，可以通过改善服务来提升图书馆的社会效益。

经济效益就是要管理者潜心研究如何最合理地使用人力和经费，最充分地发挥馆舍和现代化设备的作用，以有限的经费购买读者所需要的文献资料，用最经济的劳动加工存储文献信息，以最快的速度为读者提供优质服务，从而保证图书馆各种活动的最大效能。

二、图书馆管理的方法

图书馆管理方式、方法就是图书馆机构行使管理职能和实现管理目标的手段、措施与途径的总称。图书馆管理活动的各个层次、各个过程、各个环节都有与之相配套的方法。每种方法在管理活动中有各自的地位、作用和特点。同时，每一种方法都存在着局限性。因此，综合运用各种方式、方法使之互相补充、相辅相成是管理工作必须把握的关键。现代图书馆管理的方式如下：

（一）目标管理

目标管理是一种系统，在该系统中，下属和上级共同确定具体的绩效目标，定期检查完成目标的进展情况并根据这种进展给予奖励。它是以重视成果的思想为指导，共同确定一定时期的总目标，通过层层分解、自我控制、自我管理手段来达到目标的一种管理方法。

目标管理包括六个基本要素：①以重视结果的思想为指导；②主管人员与下属人员共同确定该组织一定时期的目标；③将其共同目标进行分解，落实到各个部门及个人；④根据预期个人将达到的目标明确个人的责任范围；⑤每个人围绕目标自觉工作、自我控制、自主管理；⑥依据预定目标对达到的成果进行检查和评价。

图书馆目标管理是运用目标管理方法来开展图书馆各项管理活动。它包括：①制定总目标；②层层分解目标；③制定落实措施；④安排人力和物力；⑤实施和控制；⑥效果评定。

相对于岗位责任制而言，目标管理更适用于图书馆的工作性质和工作特点，更能体现图书馆目标的整体性，更能充分发挥人的自觉性和创造力，能更好地促进馆员业务素质的提高。因此，目标管理成为我国图书馆的一种重要的管理方法。

（二）计划管理

图书馆计划管理的核心内容是图书馆计划，从制订计划到实施计划再到检查计划的执行情况并据此进行调整，直到最后实现计划的预期目标，这是实行计划管理的全过程。实施计划管理的前提是编制切实可行的工作计划。图书馆计划的编制需要遵循科学、客观、灵活、统筹等原则。一般来说，编制计划需要经过四个步骤：①现状调查，提出设想；②获取信息，回溯分析；③预测未来，确定目标；④制订方案，择优决策。

图书馆制订计划、做出决策之后，只有通过执行计划才能将所确定的计划指标转化为工作成果，以实现既定的目标。计划的执行需要做到如下几点：分解计划指标，合理分工，明确职责，反馈控制，协调一致，及时总结。计划—实践—总结—再计划—再实践—再总结……周而复始，不断提高，不断发展。

（三）制度管理

图书馆规章制度是指图书馆工作人员或用户必须遵守的工作条例、章程、规则、细则和办法。它是实行科学管理有效的依据和准则，是整个图书馆工作正常而有秩序运行的保证。

各类型图书馆必须建立一套严密的、科学的规章制度。建立规章制度时需要考虑四个方面的关系。①图书馆与用户的关系：既要以方便用户使用为出发点，又要建立在管理科学化的基础上。②用户与用户的关系：制定规章制度时要体现在保证重点用户需要的前提下满足一般用户的文献信息需求。③利用馆藏文献与保管文献的关系：图书馆的各种规章制定应当从便于用户利用馆藏文献出发，但同时也要考虑保护图书馆财产的完整。④图书馆内部各部门的关系：图书馆应当建立一整套的规章制度，包括行政方面的，也应该包括业务方面的。行政方面的规章制度主要有组织管理制度、岗位责任制、人员管理制度、业务技术职称的评聘制度、经费的管理与使用制度、行政管理制度、安全保卫制度、统计制度。业务方面的制度主要有文献资料的入藏制度、文献资料的分类规则、文献编目规则、目录组织规则、文献借阅规则、书库管理制度、自动化工作管理制度等。

（四）岗位责任制

岗位责任制是以规章制度的形式明确规定每个工作人员的岗位以及应该达到的基本要求和应负的责任，还要据此进行考核和奖惩。

岗位责任制的核心内容包括：①科学设定岗位，明确岗位工作范围；②明确各岗位的责任和具体任务；③规定每项工作数量、质量和时限的标准；④规定各岗位人员处理问题的权限；⑤规范各岗位人员的职业道德；⑥规定严格的赏罚。

第二章 图书馆管理的内容体系

第一节 图书馆人力资源管理

人力资源①管理是指组织为实现其一定时期的战略目标而对其人力资源实行科学合理的更新、配置、使用、开发和激励的一系列管理过程。图书馆人力资源通常是那些既能够为图书馆带来持久性效益，又能够使图书馆价值得到显著提升的群体的总称，如团队意识、个人魅力、技能、知识、经验等。

此外，还可以理解为连续不断地对知识进行获取、积累、利用和创造的组织能力。作为图书馆科学管理中能动性最高的资源类型，人力资源呈现出明显的活跃性、积极性和主动性特征。

一、人力资源的特点与构成

（一）人力资源的特点

人力资源主要有以下特点：

第一，能动性。人具有主观能动性，能积极主动地、有意识有目的地认识世界和改造世界。

第二，两重性。人是生产者，又是消费者。

第三，时效性。幼年—少年—青壮年—老年期，人各阶段的体力和智力不同，培养、开发、使用的规律也不同。

第四，智力性。人不仅有主观能动性，而且还是科学文化的载体。人的智力的继承和发展使得人力资源所具有的的劳动力随时间的推移得以积累、延续加强。

第五，可再生性。人力资源的再生性除了遵守一般生物学规律外，还受到人类意识的支配和人类活动的影响。

---

① 人力资源是指存在于人们身上的能够推动整个经济和社会发展、为社会创造财富和价值的一切体力、智力、知识和技能，即直接投入建设和尚未投入建设的人口的能力。

第六，社会性。人是构成人类社会活动的基本前提，人力资源是一种社会资源。人，是一个具有多种质的规定性的概念。人，有其自然性，也有其社会性。

（二）人力资源的构成

人力资源包括人力资源的数量和人力资源的质量。

第一，人力资源的数量。包括绝对数量和相对数量。人力资源的绝对数量，即一个国家或地区中具有劳动能力、从事或将要从事社会劳动的人口总数。人力资源的相对数量，即人力资源率，是指人力资源的绝对数量占总人口的比例。

第二，人力资源的质量。即人力资源具有的体力、智力、技能与态度等的状况。衡量指标包括健康、教育、能力、态度等。

二、图书馆人力资源管理的意义

人力资源是图书馆活动的主体，是图书馆服务职能实现的基础。图书馆的人力资源管理主要的目的是以规范的管理制度，激励职工，人尽其才，发挥每位职工的工作积极性和主动性，使图书馆的社会职能发挥出来，实现图书馆的社会服务与科研价值。

（一）对组织的整体意义

图书馆通过人力资源系统以及专业的人力资源活动，提高职工的职业素养、工作技能，使职工获得更好的发展平台，从而满足职工发展和自我实现的需要。

人力资源管理对组织的整体意义主要体现在以下四个方面：

第一，帮助组织了解图书馆现有人力资源状况和建立人才信息库。盘点组织人力资源知识、技能存量，储备人才，建立人才信息库，在需要时可有效、充分地利用本组织人力资源，帮助组织了解职工的现状、需求、能力及目标，调和它们同组织在现实和未来可提供的职业机会与挑战间的矛盾，避免职工走弯路，动态优化提高人力资源配置的合理性。

第二，推动图书馆组织文化的形成与完善。组织文化是一个组织前进与发展的灵魂，是组织创造生产力的精神支柱。通过人力资源管理可以使职工在了解图书馆组织文化的同时，也推动图书馆组织文化的形成与完善，并树立良好的组织形象。

第三，优化人力资源组合。通过人力资源管理的优化组合功能，有利于职工快速地成长与进步，有利于图书馆整体工作效率的快速提升。

第四，增强组织凝聚力。人力资源管理可以为职工提供一个提升与完善自我的机会，使职工在工作中实现职业生涯规划。

（二）对职工的意义

人力资源管理可以提高职工的自我认知、知识及技能水平，也可以转变其自身的态度和观念。人力资源管理对职工的重要意义体现为以下三个方面：

第一，提高职工的自我认知水平。通过明确的人力资源管理目标，职工能够更好地了解自己在工作中的角色和应该承担的责任和义务，更全面客观地了解自身能力、素质等方面的不足，从而提高自我认知的水平。

第二，提高职工的知识和技能。通过人力资源管理，职工的知识和技能水平将得到提升。而职工技能的提升，将极大地提高图书馆的运营效率，从而为组织创造更多的价值。

第三，转变职工的态度和观念。通过人力资源管理，图书馆可以让职工转变态度，如对待技术革新的态度、对待组织的态度和责任心问题。

三、图书馆人力资源管理的内容

人力资源的控制和激励、人力资源的开发和利用、人力资源的分析与评价是构成图书馆人力资源管理的三个主要板块。依托于对图书馆人力资源的信息管理、招聘、调配、控制、培训等手段，为求才、用才、育才和留才等管理模式的实现提供保障，进而确保图书馆工作和图书馆员之间状态的最佳化。

第一，人力资源规划。以图书馆的工作计划和发展战略为依据，对人力资源需求进行系统化、全面性分析和确定的过程，比如，对人力资源的现况及未来的发展形势进行评估，对人力资源供求的信息和资料进行收集和分析，对人力资源供求未来的发展形势进行预测，以及立足现实情况对图书馆的人力资源培训与发展计划进行制订等。

第二，工作分析。作为图书馆人力资源管理中最基础的内容，工作分析主要是考察与分析各个工作岗位，从而对其职责、任务、工作条件、任职资格和享有权利，以及相应的教育培训情况等予以明确，最终以工作职务说明书的形式呈现出来。

第三，馆员招聘。以人力资源规划和工作分析的要求为依据，馆员招聘主要涉及计划、招募、测评、选拔、录用和评估等活动内容。从聘任形式上，既可以通过内部招聘的形式，又可以以社会公开招聘的形式展开，但无论哪种人才招聘形式，都需要坚持平等就业、择优录用的基本原则。

第四，馆员培训与发展。业绩评估、馆员发展、馆员职业生涯规划是构成馆员培训与发展的主要内容。培训与开发馆员，一方面可以提高馆员的工作效能，使其对图书馆的归属感得到进一步强化；另一方面可以使图书馆事故发生概率和成本得到降低，同时实现其经济效益和工作效率显著提高的目标。

第五，馆员激励。馆员激励是以使馆员得到有效激发、使馆员的行为得到引导和强化为目标，运用各种元素对馆员的工作积极性进行进一步调动，以促使馆员表现出实现图书馆目标的具体行为。

第六，绩效管理。绩效管理是指依据特定的绩效标准或工作目标，以一定的考评方法为手段，来评价馆员的工作表现和工作成果。为了使馆员的积极性得到有效调动，同时确保图书馆人力资源管理工作运行得健康高效，需要对绩效不同的馆员采取不同的政策，即以物质和精神奖励来激励绩效突出的馆员，以相应的批评，乃至惩罚来对待那些表现差的馆员。

第七，薪酬管理。作为图书馆人力资源管理的重要内容，薪酬管理同样关系着图书馆能否广泛吸引和吸纳人才，因而是人力资源效能得以充分发挥的最有力的杠杆之一。所以，图书馆要综合考虑馆员的资历、职级、岗位、实际表现和工作成绩等内容，充分发挥其对馆员努力工作的激励作用。

第八，职业生涯管理。职业生涯管理主要表现为职业生涯决策、设计、发展和开发等内容，作为个人和图书馆对职业历程的规划、对职业发展的促进等一系列活动的总和，职业生涯管理对于个人人力资本投资收益的提高、职业通道改变成本的降低以及图书馆整个事业的发展发挥着重要作用。

第九，人力资源保护。劳动关系的各个方面，如劳动争议、劳动保护、劳动报酬、劳动时间、劳动用工等内容，均与人力资源管理直接相关。为了使图书馆馆员在工作过程中的安全与健康得到进一步保障，图书馆应当立足国家劳动保护的有关协议条款中的相关规定，确保其对相关劳动关系的处理合乎法律规定。

四、图书馆人力资源的人才获取与素质培养

（一）图书馆人力资源的人才获取

1. 馆员的招聘

（1）馆员招聘计划。馆员招聘计划是分析图书馆在不同情况下的人力需求，使得图书馆内部有充足的人力资源保障，以实现图书馆的长期或短期发展目标。

（2）招聘过程。

第一，制订计划。制订计划内容包括：①进行人员需求预测；②分析图书馆所面临的环境影响和组织变化；③进行人员供给预测。制订招聘计划时要对招募人数、招聘的时间及成本进行估算。

第二，发布招聘信息。招聘信息发布的范围是由招聘对象的范围来决定的。高级管理人员和专家一般在全国范围内招聘，甚至可以跨国招聘；专业技术人员可以跨地区招聘；一般办事人员在本地区招聘就可以了。图书馆要根据招聘职位的要求与特点，向求职人员

发布招聘信息，发布渠道主要有网络、报纸杂志、电视、电台、布告和新闻发布会等。在条件允许的情况下，招聘信息应尽早发布，这样有利于缩短招聘进程，有利于使更多的人获取信息，使应聘人数增加。

第三，应聘者提出申请。招聘信息发布之后，应聘者会通过电话、信函方式向招聘单位提出申请，图书馆应要求应聘者填写求职申请表并提供有关证明材料。

2. 馆员的选择与录用

（1）馆员的甄选。员工甄选是指在招募工作完成后，根据用人条件和用人标准，运用适当的方法和手段，对应聘者进行审查鉴别和选择的过程。员工甄选是招聘工作中关键的一步，也是技术性最强的一步。员工甄选必须遵循科学性、有效性、简明性、可行性的原则，要选择科学的测试方法，聘请相应的专家指导，以降低员工上岗培训费用，提高员工在组织中的稳定性。

员工甄选过程一般分为初选和精选两个阶段，初选主要由组织的人力资源部门负责，它包括求职者资格审查和初步筛选。精选包括笔试、心理测验、面试、体检和甄选。一般由人力资源部门与具体用人部门的负责人共同协作进行。

（2）馆员的录用。图书馆在对应聘者进行几轮选拔之后，接下来的环节是录用。这一阶段的工作通常被忽视，认为仅是一种形式，但实际上它关系到能否唤起新员工的工作热情，是新员工进入馆内工作形成的对图书馆的第一印象，因此也是员工获得对图书馆忠诚度和产生职业责任感的开始。这一阶段往往包括录用决策、试用合同的签订、员工的初始安排、试用、正式录用等环节。图书馆在进行员工录用时应注意以下方面的问题：

第一，及时通知已经被录用的应聘者。部门负责人或者负责招聘的馆长也要及时通知未被录用的应聘者，最好用亲笔签名信的方式婉言拒绝，这关系到图书馆形象和今后招聘工作的进行。

第二，运用正确的分析方法获得应聘者准确可靠的信息。要注意核对的信息包括应聘者的原始信息和面试过程中的现实信息，具体包括：应聘者的年龄、毕业学校、专业、学习成绩、工作经历和业绩、背景材料、应聘过程中的各种测试成绩和评语等。保证这些资料准确、真实、可靠。此外，还应该仔细分析应聘者的道德品质、能力（专业技能、决策能力、人事能力、沟通能力、应变能力、组织能力、协调能力等）、特长、社会资源、学历背景和面试中的现场表现。

（3）人才培训。新员工培训是必不可少的环节，可以让新员工熟悉图书馆的工作部门、工作岗位、馆内制度、图书馆文化等，这样一方面可以促进新员工转化为"内部人"，另一方面也是图书馆进一步深入了解新员工的有效途径。

第一，图书馆人力资源培训的原则。

整体性原则：培训的对象并不应局限在一线工作人员，对于图书馆的管理人员也要进行培训。一线工作人员侧重于基本工作技能的培训，而管理人员则侧重于管理技能的培训。此外，馆内的高层管理人员还要学习政治、政策、领导方法。

连续性原则：工作人员培训是要根据图书馆的发展目标有目的、有计划地开展，它是一个长期的过程，绝不仅仅是为了应付一时之需。它需要制定完善的制度来指导实施，使图书馆在内外部环境都不断变化的条件下保证编制完整，并为图书馆的发展提供合格的后备军。

重点原则：工作人员的培训必须明确培训的重点，培训的重点也就是工作人员现有实际工作能力同其职位所要求的标准工作能力之间的差距。只有找准培训的重点，才有可能制订培训计划，确认最佳的培训方法，达到培训的目标。

效益原则：工作人员的培训是一种投入—产出行为，它是图书馆在培训计划的指导下，投入各种要素资源，开发工作人员智能，以获得开发成果的过程。工作人员的培训需要考虑如何以最少的投入换取最大的产出，这需要建立完善的培训评估标准和反馈制度。

第二，图书馆人力资源培训的内容。

基本技能培训：现代计算机技术、多媒体技术、网络技术、数据库技术等使传统图书馆正逐渐向电子图书馆、数字图书馆、复合图书馆方向转变，图书馆的工作发生了重大变化。图书馆的传统工作因为有了信息技术的引入而变得更加有效率，如采访工作可以借助于网络收集最新的出版信息，编目工作可以通过使用统一的机读目录而节省劳动力，检索工作可以通过利用计算机而避免手工劳动的烦琐。图书馆的工作范围和深度及广度日益扩大，如采访工作需要加强对电子书籍、各类型数据库的采购，信息检索范围从传统的纸质文献扩大到了互联网，信息服务的方式也不再局限于信息检索和咨询。这一切都要求图书馆对工作人员在数据库的管理能力、网络环境下的信息收集/处理能力、信息检索工具的生成能力、网络信息的利用能力以及计算机操作能力等方面加以培训。

解决实际问题能力的培训：对于图书馆中的管理人员和各学科的专家来说，解决实际问题的能力可能更为重要。在图书馆面临社会上各种信息服务机构挑战的今天，图书馆管理人员的素质对图书馆的发展起到了重要作用。图书馆管理人员加强在管理方面的培训，可以帮助他们提高解决实际问题的能力。

人际交往能力的培训：人际交往能力的培训重点是如何做一个好听众、如何提出不同见解以及如何减少摩擦等。

态度培训：随着传统图书馆向现代图书馆的迈进，图书馆的传统观念也应随之改变，需要向开放观念、服务观念、用户观念、经济观念、效益观念、资源共享观念转变。因此，对馆员进行态度的培养就显得很重要。此外，态度培养还应包括引导工作人员接受图书馆的文化，树立以人为本的观念。

第三，图书馆人力资源培训的方法。图书馆人力资源培训的方法有多种，具体采用哪一种，应根据培训的目标、内容和对象而定。一般来说，可分为在职培训和脱岗培训两大类。

第四，图书馆人力资源培训的过程。图书馆人力资源培训是图书馆一项极其重要的工作，它需要制订合理的计划，遵循基本的程序。具体来说，培训的基本程序为：①评估个人或工作的培训需求。即要明确培训哪些人，培训什么内容。图书馆根据自身发展目标确定人力资源的目标，然后对比现有的人力资源状况，对比的差距就是人力资源缺口，即为培训需要。②确定培训目标。即要明确通过培训达到什么目的。培训的目标应该是具体的、可度量的。例如，通过对图书馆借阅部人员进行计算机操作方面的培训，对每名用户的等待时间加以合理的限制。③实施培训。即采用具体的培训技术、方法，对培训对象进行培训。这是培训工作的主体部分，要为受训工作人员选择恰当的时间进行，确保培训工作的有效性。④评估培训的结果。即将培训前后情况进行对比，检测是否达到了培训目标。这也是培训工作的一个重要环节，因为只有通过对培训效果的评估，图书馆的人力资源开发部门才能知道预期的结果或培训计划实现的程度如何，也才能为下一轮工作人员的培训提供经验和教训，从而在整体上增强培训效果。

（二）图书馆馆员的素质培养

1. 馆员的思想素质

馆员需要具备良好的思想素质，这主要体现在以下几个方面：

（1）需要具有极强的责任心，能够认真、细致地为读者解答疑问，并且要实事求是，保证自己的回答是正确的，符合读者的需要。

（2）需要具有良好的工作态度，对待所有读者都能够热情服务，为读者提供更加舒适的学习条件。例如，当读者遇到问题时，馆员可以为读者推荐相关书籍进行阅读，让读者可以更快地解决问题，提高学习效率。

（3）需要注意自己的言谈举止，在为读者服务的同时，首先需要管理好自己，这样可以使馆员的管理过程更加具有说服力，保证图书馆管理工作能够顺利进行。

2. 馆员的心理素质

馆员是一项非常枯燥的工作，其绝大多数时间与图书和读者打交道，极易产生烦躁的情绪。因而，馆员需要具备过硬的心理素质，主要体现在以下方面：

（1）馆员需要具有极强的意志力，能够克服图书馆管理工作的枯燥性，更好地为读者服务，避免影响读者的服务质量体验。

（2）馆员需要具备攻克难关的能力。长期与读者打交道必然会遇到一些难题，馆员需要及时地解决问题，与读者更好地相处。

（3）馆员需要做好心态方面的调整，这也是身为一名馆员需要克服的难题，只有这样，才能够全心全意地投入图书馆的管理中，避免将工作中的不良情绪带给读者。

3. 馆员的专业素质

馆员需要具备扎实的专业技能，熟悉图书馆管理的各种流程，通过丰富的管理知识对图书资源进行管理，从而科学合理地对图书进行分类。馆员需要具备的专业素质主要体现在以下两方面：

（1）馆员需要具有良好的信息化管理水平，能够对图书进行有效的整理与分类，这样更加有利于图书资源的管理，便于对图书资源进行查找。例如，当读者想要阅读教育方面的书籍时，馆员可以按照图书分类快速地确定教育类书籍的位置，从而为读者提供正确的指引，快速地找到想要阅读的书籍。

（2）馆员需要懂得文献学、目录学等多方面的知识，为图书资源的管理提供重要依据，进而为读者提供更好的服务。

4. 馆员素质培养策略

（1）实行岗位轮换制度。在网络环境下，图书馆的阅览、典藏、采访、咨询和流通等工作之间是存在紧密联系关系的。要使得网络环境下图书馆工作能够顺利开展，应在图书馆各项工作中实行岗位轮换制度，从而建设一支综合素质过硬的复合型人才队伍。馆员通过不同工作岗位的交流学习和轮换，不仅对图书馆各项工作的业务流程更加熟悉。而且也学习到了更多的服务技能，更利于图书馆各岗位工作间的协调和沟通，从而促进馆员之间经验交流、互相学习，有效地增加了馆员之间的凝聚力，从而在网络环境下有效地提高馆员的整体素质和服务水平。

（2）重视提高馆员的信息素养。当今社会，媒体技术渗透到各行各业中，媒体技术环境下馆员需要善于搜索和发掘网络上有价值的信息，并且能够对信息进行快速加工，保证发布内容的及时性和准确性。重视提升馆员与用户沟通的技巧，对于用户的咨询和评论要提供合理的答复和建议，要维护图书馆的良好形象，还要做好工作时间的衔接（主要是网络平台的工作时间，在图书馆闭馆以后，网络平台需要保证有馆员随时在线回复用户的提问）。

在提高馆员业务水平的同时，图书馆要重视利用新媒体技术进行宣传推广，如微信公众号可以通过语音、视频、超链接等功能来推送相关信息，运作成本低廉、操作简单快捷、推送信息精准优质；新浪微博则可以通过在线直播讲座进行推广，信息传播十分快速，发布信息的门槛较低。图书馆要充分利用各种网络平台的优势，创新宣传推广的渠道和方式，这就需要馆员拥有良好的信息素养，才能促进图书馆网络平台的健康发展。

（3）加强对馆员职业道德教育。从事图书馆工作必须要具有较强的工作责任心和职业道德，提高图书馆服务和业务水平的前提就是提高馆员的职业道德素质。通过对馆员进行系统的职业道德教育，使其对自身有全面的认识，清楚自身存在的不足，并树立其崇高的职业责任感和荣誉感，并具有甘于奉献的精神，热爱自己的工作，从而全心全意地为广大读者提供更优质的服务。

（4）加大岗位培训和继续教育力度。在我国图书馆事业的发展过程中，管理者应具有发展的眼光，为其图书馆的发展制订长期的发展计划。在图书馆建设中坚持学用结合和按需施教的原则，建立岗位培训和继续教育体系，并将其贯穿在培训馆员的工作过程中。

基于此，首先可以选择进修教育方式，选择业务能力出众的馆员，为其提供进修的机会，学习目前图书馆领域中的新方法和新理论；其次鼓励馆员积极主动地参加或自学各类培训教育，不断完善自身的知识结构；最后根据馆员工作岗位和知识结构的不同，组织参加相应的岗位培训，使其掌握更多的先进专业知识和先进技术。

（5）引入竞争激励机制。任何一项工作如果脱离了竞争就是一潭死水，适当的竞争与压力可以保证工作有效地开展。在过去的时间里，图书馆经历了三次大的冲击：第一次由于计算机和通信技术的结合推动了互联网的发展，人们认为图书馆将走向消亡，结果却出现了空前的新馆建设热潮；第二次冲击在世纪交替之间，由于互联网的大量普及，人们认为互联网会替代图书馆的功能，成为人们获取信息的主要途径；第三次冲击在今天，从纸质型为主体向全媒体图书馆过渡。因此，馆员要树立大局意识，提高自身的竞争意识，坚持与时俱进。

图书馆也要引入竞争激励机制，图书馆各项技术岗位都实行双岗并行制度，筛选真正适合的工作人员，有效提高馆员的工作效率，改变安于现状的工作状态。引入竞争机制，可以在图书馆向全媒体图书馆过渡转型的过程中，真正实现图书馆的范型转换。

第二节　图书馆知识管理

一、知识的特点

知识是符合文明方向的，人类对物质世界以及精神世界探索的结果总和。知识属于文化，而文化是感性与知识上的升华，这就是知识与文化之间的关系。知识的特点如下：

（一）时效性

随着时间的推移，知识的价值会随之发生变化。在特定阶段，知识被一部分人或者组织专有，在相关的新知识出现之前，随着社会对该知识需求的增加，其价值会变大。

知识管理的实质是对组织中所有员工的经验、知识、能力等因素的管理，实现知识共享并有效实现知识价值的转化，以促使组织知识化和不断成熟壮大。因此，知识管理就是获取、利用并创新知识，提高组织创新的能力，以保障组织生存发展的一种活动。它包括知识的获取、整理、保存、更新、应用、测评、传递、分享和创新等基本环节，并通过知识的生成、积累、交流和应用管理，以实现知识的资本化和产品化。知识管理的出发点是把知识看作最重要的资源，把最大限度地获取和利用知识作为提高组织竞争力的关键。

（二）传递性

知识作为人的经验存在于其大脑中，并可以用各种符号的逻辑组合、图形的方式及物理的方法等表示出来。知识能被存储起来，如存储在书本、磁盘或光盘乃至大脑中。由于知识具有可表示性和可存储性，它可以被加工处理、积累、传递和继承等。在传递过程中还可以根据需要将知识从一种表示形式转换为另一种表示形式，而其含义并不发生变化。

（三）共享性

知识的共享性包括知识的扩散性和知识的非消耗性两方面。知识生产一旦取得成果，便可无限复制，知识资产本身的费用不会因传播费用而增加。同时，知识产品无论怎么使用，都不会损耗，反而还会增加其价值。从知识的公共消费权利（即"非排他性"）和知识的消费量竞争（即"非竞争性"）来看，知识属于公共物品，具有共享性，是人们共享的财富。

（四）资源性

知识与物质、能力共同构成人类社会的要素，它与物质和能力一样也是一种资源，只是这种资源与物质资源相比，具有不会损耗、可反复使用、不断延续、复制成本低、难以模仿等独特的优点。知识是创造性智力劳动的产物，区别于传统意义上的物权客体的有形物。同时知识必须通过一定的、有形的物质载体才能得以实现，它不能独立存在，其物质载体的形式不是唯一的，可以是文字、图表、公式、语言等各种形式，这些有形载体可以复制和仿造。

（五）同时性和重复性

物质产品只能由特定的对象一次性使用，但知识则可以由不同的对象同时使用和重复使用。知识被使用的次数是无限的，且在使用中不会被消耗。但是知识存在老化的问题，它会随着科技的发展而过时。

（六）增值性

大多数资产的价值都会在使用中不断下降，知识则不同，它被越多的人所使用，其价值就会得到越多的体现。并且在使用过程中知识不仅不会被消耗而且还会增值。

这种增值来源于：①知识会因为更多人的共享而形成行为准则，使其增值；②使用者在实践中不断赋予知识新的内容，也会使其增值。

（七）占有性

由于知识具有非排他性，即一个人或组织拥有知识不排除他人或其他组织也同时拥有此知识。某一个体或组织拥有的具有市场价值的知识产权如果耗资巨大，且不一定成功，那么这一个体或组织将面临很大的风险。国家一般有保护知识产权的相应机制，因此个体和组织可以通过申请专利来保护自己的产权。同时也可采用保密和挽留关键职员的方法来保护自己有用的、稀缺的、被盗用性高的知识产权。

二、图书馆知识管理的意义

知识成为最重要的资本，知识的急剧增长、快速传播和交流使原有的管理模式发生了根本性的改变。作为一种全新的管理理念与管理方法，知识管理近年来受到各界的高度重视，被各行各业广泛地应用，并以巨大的力量改变着人类社会中各种组织与个人的生存方式，也为他们的发展提供了前所未有的契机。图书馆作为从事知识资源搜集、整理、保管、传播和利用并为社会提供服务的机构，必然要实现知识管理。

图书馆知识管理的意义如下：

第一，有助于从根本上改变图书馆传统的管理模式和服务方式。图书馆知识管理的实施，将打破目前层级式的森严的等级结构，建立高效优化的管理体制，使每位馆员都能很容易地获得自己权限范围内的完全信息，充分发挥馆员的积极性和创造性，变被动服务为主动服务，从半封闭的服务状态转为开放式服务，从以自我为中心转向以用户为中心，从而把服务工作提到一个新的高度。

第二，有助于提高馆员素质，树立图书馆良好的社会形象。知识管理要求全体馆员具有较高的思想素质和业务素质，实施知识管理，会使图书馆重视馆员的职业培训与终身教育，以此不断提高馆员的科技知识水平、获取知识和创新知识的能力，并能促使馆员自觉地学习，以适应复杂多变的网络环境。图书馆员整体素质的提高、服务质量的优化，会使图书馆的整体工作协调一致，在社会公众中树立良好的形象。

第三，有助于图书馆推进知识创新。知识管理的目标在于知识创新。图书馆是知识创新的重要环节，其工作也是知识创新的组成部分。知识管理就是要促进图书馆内部、图书馆与图书馆之间、图书馆与用户之间的联系，加强知识联网，加快知识流动。

第四，有助于图书馆开发网络资源，提高竞争能力。知识管理是在充分利用先进的信息技术基础上的管理。图书馆实施知识管理，不仅有利于加强图书馆原有馆藏资源的建设管理，促进馆藏开发利用，更有利于图书馆进行网络资源的开发管理，从而不断提高服务水平，增强网络环境下与其他信息服务提供商的竞争能力。

三、图书馆知识管理的原则

图书馆知识管理将突破图书馆传统管理的原则：

（一）发掘性原则

图书馆应该认识到知识在图书馆产品及其服务的价值创造中所具有的关键作用，图书馆需要明确知识的价值，并将其挖掘出来，网络环境下的图书馆知识管理工作的着眼点，应该是充分发掘优势潜力，向读者提供各种形式的信息资源服务。以依靠图书馆丰富的馆藏与网络资源为基础，以图书馆专业人员的知识信息服务能力为依托，提供满足读者特定需求的某一具体信息和内容的服务。

（二）共享原则

知识管理的一个重要任务，就是要建立知识的共享网络，即数据库和知识库，从而在技术上给知识的共享提供一个支撑平台。当图书馆成员间的知识得到共享时，图书馆的知识存量将成倍地增长，而转让知识并不损失成员任何东西。而且由于知识的共享是一个过程，需要转让者和接受者共同参与，成员在转让知识的过程中，便能使自己的知识得以深化，或者获得一些新的知识。当员工能及时分享和运用知识，继而就能创造新的知识，最终使组织取得绩效，获得竞争优势。

建立在知识共享的原则上，我们需要为知识共享搭建基础平台，如建立图书馆知识管理系统，创建学习型组织，使图书馆成为学习资源中心，创建知识共享的组织文化，营造知识共享的环境与氛围，建立知识共享的激励机制，促进员工参与知识共享，等等。

（三）协作性原则

基于知识共享性、图书馆团队间的协作活动变得非常重要。只有团队活动，才能真正将知识资本挖掘出来并加以形式化和资本化。因为只有在知识得到共享之后，知识才与知识的拥有者——图书馆员的个人知识相对独立。只有在此时，才能说明图书馆对知识有了更大的所有权。此时，某个图书馆员离开图书馆时，他们的知识才会留存在图书馆中。

（四）开放性原则

建立一个开放的图书馆知识管理平台，让所有成员能把自己的新知识添加到知识管理平台中去，同时也吸收和利用外部知识，丰富图书馆的知识库。

以高校图书馆为例，近年来的经济改革给整个社会带来了巨大的变化，社会的经济资源被激活了，市场使资源的配置趋向合理了。教育知识领域有别于经济，知识管理有自身的规律，经济改革的具体做法不能简单地套用到教育领域中来。教育领域是可以借鉴它的成功经验的。作为"大学图书馆"，应有开放的知识服务观。图书馆形态的变化和管理模式的变化，已使大学及其图书馆有所改观，图书馆的开放性特征更加明显，大学图书馆不再是单纯的书籍世界、文献世界，而进入了涵盖书籍世界、文献世界的知识世界。上述教育从校内延伸到校外，并推倒了校园的樊篱、资源共享、馆际互借由梦想变为了现实。上述教育也破除了时间的限定，把在校学习时间延伸到假期。学生不仅在校期间接受教育，而且终身享受图书馆带来的益处。上述的变化，要求图书馆将开放性和现代性有机地结合。

（五）层次性原则

图书馆知识管理可分为三个层次：一是信息管理，即对信息的收集、整理、贮存、查找和利用的过程；二是对知识的管理，即包括对读者的知识加以识别、获取、分解、储存、传递、共享、创造、价值评判和保护，并使这些知识资本化和产品化的过程；三是对图书馆知识资本的管理，也就是对图书馆人力资本、市场资本、结构资本和知识产权资本的管理。

（六）增值性原则

知识具有收益递增的特性，图书馆员工通过知识共享，可以分享个人的知识和经验，减少团队的学习时间，实现知识价值的增值与功能放大。知识管理对图书馆最直接效果体现在图书馆与信息工作的转换中，以及图书馆文化由"服务提供"到"增值服务"的转变。知识管理中，学习是核心。

个人与组织是一个双学习系统，个体通过学习不断获取新思想，并将知识用于行为的改善。组织和团体通过学习形成人才梯队，激发群体智慧，人员交流渠道畅通。个体、团体和组织相互间与个体间、团体间和组织间开展多向的交互学习模式，它们相互促进，工作与学习良好互动，最终创造学习型组织来保证对知识资本的管理。

（七）参与性原则

知识管理强调组织成员都要参与到组织管理中来。我们要培养馆员参与图书馆知识管理的积极性，鼓励馆员参与知识管理的各个环节，并善于发现他人的思维价值，要使馆员意识到自己所从事的工作是图书馆整个知识管理过程中不可缺少的一环，以此来激发馆员参与的积极性。

个体参与原则，既体现了管理者对馆员的尊重，又可以锻炼馆员的思维能力，并在组织中建立集体智慧的动力机制。使管理人员能够更好地决策，并使更多的馆员主动配合决策的执行；同时，联系读者、服务读者，是图书馆存在的基础，得到反馈、发现需求，又使图书馆不断调整发展的方向。图书馆可实施以下举措加强与读者的交流，读者调查。

第一，图书馆一般在做出重大决策或推出服务新举措之前，多数会做相应的读者调查，根据民意来判断改革是否可行。

第二，在进行调查的各种活动中，互动构成了读者对图书馆整体印象的一部分。加强图书馆与读者间的互动，让读者参与，不仅能扩大图书馆的社会影响，增强图书馆在读者中的亲和力和忠诚度，将有助于服务推广活动的顺利进行。

（八）创新性原则

创新是知识管理的灵魂，图书馆知识管理要突出创新原则。图书馆应本着创新性原则来实施知识管理策略。

图书馆要用知识创新的观点，构建图书馆知识管理理论，并加强其组织建设、制度建设与文化建设。图书馆通过知识管理，开展学习型组织的创建活动与文化创新，建立学习型图书馆，充分发挥用户的主观能动性，激活人的潜在能力，促进知识的不断再生与创新，实现主动学习的信息获取机制。

四、图书馆知识管理的任务

图书馆知识管理是一种新型的管理理念和工作方法。其任务具有明显的时代特征，重要任务包括如下几个方面：

（一）树立以人为本的管理理念

图书馆知识管理是"以人为本"的管理。"以人为本"就是管理活动应以人为中心，以做好人的工作为根本。优秀的图书馆员是现代图书馆最重要的人力资源和首要财富，他们是知识管理的实践者和创新者以及知识服务的提供者。由于他们的工作，以人为本和知识管理才能成为现实。

（二）　营造以知识为导向的图书馆文化

组织文化是体现于组织群体并为全体成员所共有的行为规范、价值标准、道德信念和精神风貌。它对组织成员及其活动有着突出的导向、凝聚、激励和约束作用。图书馆营造以知识为导向的组织文化，就是要在馆内外创造一种崇尚知识、倡导学习、鼓励创新的文化氛围，激励和引导每一个人都积极努力学习和交流知识，并把获取、创造、奉献知识作为组织和个人的共同追求和需要。

（三）　基于知识建立图书馆组织构架

图书馆知识管理，是以组织的形式进行的知识管理。构造一个有利于提高图书馆自身管理效率、有利于对知识资源实施知识管理的机构和组织，是图书馆实现知识管理的可靠保障。

图书馆组织结构应与知识经济时代整个社会组织结构柔性化、扁平化发展趋势相吻合，改变长期以来按职能、业务工序、文献载体形式、文献学科内容等多层次划分的直线式和严格等级制的结构，重新设计并建立有利于知识交流和应用、适应现代信息技术发展、以知识为基础的组织结构。这是图书馆实施知识管理、推进知识创新的组织保障。

设计以知识为基础的组织结构，要以图书馆组织内外各种知识高效有序地运作为出发点，以组织中知识沟通的便捷性、业务关系的合理性、管理人员知识水平与其职责的适应性以及管理活动的应变性为原则，分析各工作环节和用户的知识需求和知识流规律，考察馆员所拥有的知识、智慧、经验和技能，把握需求与能力相匹配的最佳切合点，真正建立起有利于馆内外主客观知识广泛交流和高效整合，有利于最大限度发挥馆员智慧潜能，提高图书馆整体服务质量的组织结构。

图书馆应先对原有部门机构进行功能整合，建立以其主要职能为主体框架的基础性组织机构，再根据具体工作需要，在主体框架中建立一些以任务为中心、便于经常调整的工作小组，以这种动态的、灵活的、临时性工作组与相对稳定的基础部门相结合，并通过局域网络将各工作小组与部门联系起来，将馆员与读者联系起来，形成一个工作网、知识网、人际网，为图书馆知识交流共享和知识创新，创造一种刚柔相济的充满活力的组织形式。

（四）　培育以知识为动力的员工队伍

长期以来，图书馆员的知识结构与馆藏文献资源知识体系结构之间的矛盾、图书馆员知识更新速度与图书馆事业发展速度之间的矛盾，一直制约着图书馆的发展。因此，加强馆员的培训，调整其知识结构，提升其知识水平，使知识成为促进员工个人发展和推动组织发展的真正动力，已成为图书馆知识管理的根本任务。

（五）合理组织与充分开发知识

知识组织就是对文献中知识的逻辑内容进行分析，直观地标示人类思考和创造相互影响及联系的特点，像地图一样把它们标示出来，以展示知识和信息的有机结构，为用户直接提供创造时所需要的知识与信息。

图书馆的知识组织是图书馆发挥其社会职能、满足用户的知识需求、提高信息服务中的知识含量的一项基础性工作。它是根据一定的要求，把馆内的显性知识按照一定的规则组织起来，以方便用户和馆员利用。它不仅要在传统采集、分类、编目等文献组织的基础上对文献内容进行分析、整理、加工，并建立馆藏文献数据库；还要建立馆员和用户的知识仓库，将经过整理的知识，按照一定的分类标准分门别类地保存在知识仓库中，并运用科学的方法对各种知识库中不同来源、层次、结构、内容的知识进行分析、综合、集成等的再加工，使单一的、零散的显性知识经过整合形成新的知识体系。

传统的图书馆管理重视显性知识载体——文献和信息的管理，忽视馆员及用户的隐性知识的管理。图书馆知识管理在重视馆藏显性知识的同时，更注重馆员及用户的隐性知识。因此，充分开发及合理组织馆员与用户所拥有的隐性知识，是图书馆知识管理的任务之一。

（六）促进知识共享与转化

图书馆是一座容量巨大的知识仓库，其任务之一就是把图书馆知识仓库中的知识按照需要，通过各种手段传播给馆员和用户，促使其转化为馆员和用户头脑中的隐性知识；同时，采取一切措施发掘这些隐性知识，促其尽量、尽快显性化，并利用现代信息技术和网络通信技术在馆员和用户之间予以广泛交流和共享。促进知识的共享与转化是图书馆知识管理的核心任务。

五、图书馆知识管理的实施

（一）设立知识主管

知识主管是指在一个组织内部专门负责知识管理的官员，它是近年来随着知识管理的发展而在企业内部出现的一个新的高级职位。图书馆作为知识收集、加工和传递的中心，同样应该创建知识主管机制。为了使知识管理成功，知识主管应该设立在有支配权和有责任的上层管理梯队里，譬如由一名副馆长专任或由馆长兼任。

1. 图书馆知识主管的职责

图书馆知识主管的职责是：①制定图书馆知识政策；②提供决策支持；③帮助员工成长。

图书馆知识主管应做到：①了解图书馆的环境和图书馆本身，理解图书馆内的知识需求；②建立和造就一个能促进学习、积累知识和知识共享的环境，使每个人都认识到知识共享的好处，并为图书馆的知识库做贡献；③监督保证知识库内容的质量、深度、风格并使之与图书馆的发展一致；④保证知识库设施的正常运行；⑤加强知识集成，产生新的知识，促进知识共享。

2. 图书馆知识主管的能力

图书馆知识主管必须拥有以下四方面的能力：

（1）知识主管应是一位技术专家。知识主管必须了解哪些技术有助于知识的获取、储存、利用和共享。

（2）知识主管应是一位战略专家。要实现有效的知识管理，仅仅拥有合适的软硬件系统是不够的，还要求图书馆知识主管把图书馆知识开发、共享和创新视为竞争优势的支柱，对包括信息在内的所有知识资源进行综合决策，实施全面管理。

（3）知识主管应是一位环境专家。知识主管作为环境营造者的角色较之技术专家的角色要重要得多。环境专家的工作包括：空间设计，如办公室和休息场所的设计、建立和布置学习中心；重新设计绩效衡量和部门主管评估体制，甚至包括改进图书馆管理层对知识主管自身业绩评估的尺度。但更根本的，作为一个环境专家要把图书馆所有管理培训计划和组织发展行为都紧密地与知识管理结合起来，要在这些活动中更加重视提高图书馆的知识创造能力。

（4）知识主管应是一位创新专家。知识主管的动力来源于想要有所作为的愿望和坚持不懈的决心。他们应能够孕育和提出新思想，善于倾听他人建议，如果意见合理并符合图书馆的知识远景则应支持它们。

（二）改造图书馆的组织结构

图书馆知识管理倡导运用集体的智慧提高组织的应变能力和创新能力，而设计合理的组织结构是创建图书馆核心能力的一条有效途径。面对现代信息技术的挑战和不断变化的用户需求，图书馆必须积极引进企业为实施知识管理而进行的"业务流程重组"或称"企业再造"的管理思想，重新调整图书馆的组织结构和内部关系，进一步增强自身的适应性和竞争性。

图书馆组织结构的设计应以读者为中心，以用户需求为导向，充分实现服务的专业化、个性化，减少管理层次和重复作业，合理配置资源，增强图书馆运行的弹性，提高工作效率。通过业务流程重组，使图书馆建立一种能够迅速适应读者需求的新的服务机制，实现与各个信息系统的交融，给资源的共享、优化、合作和知识的创新带来勃勃生机。

在网络环境下，图书馆的组织结构应改变以往固定的等级模式。打破传统的图书馆职能部门之间的界限，以适应功能的不断拓展和变化。

第一，在图书馆内建立"柔性组织"，更多地强调组织形态的扁平化和组织行为的柔性化。如采用以团队或小组为基本组织单元的网络化结构的组织形式，将更体现跳跃与变化、速度与反应，更强调人的个性与创造力的发挥，具有灵活、适应性强、高度参与并富有动态性的特点。

第二，在图书馆外建立"知识联盟"，引进外部知识及经验，以获得能力的扩展和转换。在组织内知识清点的基础上，组建专家网络来提升图书馆的知识、资源和技能水平，增进图书馆之间的相互学习和知识交叉，协同发展。

（三）组建完备的图书馆知识库

图书馆知识管理的目标之一是图书馆内部的知识共享。采用传统手段来传递知识往往受到多种主客观因素的制约，有时不能将最适当的知识传送到最需要它们的人手中。图书馆应有计划地建立图书馆整体以及各个部门、各个岗位的专业知识体系，将现有知识分门别类、提炼加工，同时还要及时搜集所需的新知识，以形成有本馆特色并不断发展的系统性知识库，协助馆员高效提取所需专业知识资源用于各个部门和各个岗位的实际工作以获得良好的工作绩。图书馆知识库可分成以下四个子库：

第一，外部显性知识库。该库主要收纳社会公共知识。政府出版物、期刊、报纸、学术会议录、标准文献、专利文献以及信息机构制作的具有版权的数据库等，都是社会公共知识的载体，图书馆应根据自身实际跟踪分析并收集相关的部分，以形成自己的特色知识库。

第二，内部显性知识库。该库收纳内部已经或可以用文字形式保存并可检索使用的一类知识，如研究报告、咨询案例、访谈录等。建立该库的关键是有系统性和便于查找。

第三，外部隐性知识库。外部隐性知识库也可以称"外脑"或"智囊库"。用户中不乏各行业、各学科领域的专家，若有效地加以利用就可以形成图书馆宝贵的无形资产。因此，图书馆应在平时的知识服务过程中与用户建立良好的互动合作关系，并建立图书馆的外部专家人才库以及将专家解答的问题加以编码储存的知识库。

第四，内部隐性知识库。该库收纳存在于馆员头脑中的经验、数据、技巧等意会知识。组建内部隐性知识库的基础是尽量把这些意会知识编码化，以供馆员访问和咨询。另外，可以组建内部网络开展电子讨论，让馆员将自己的经验输入内部网络，并对别人的提问和建议给予积极的反馈，管理者则将这些内容全部存入子库。这样一来，一个包括馆员经验、见解和窍门的内部隐性知识库就建立起来了。

（四）创立图书馆知识管理系统

图书馆知识管理系统是一种用来支持和改进图书馆对知识的创建、存储、传送和应用的信息技术系统。目前，知识管理系统涌现了多种模式，如基于层次模型的知识管理系统，基于一般系统框架的知识管理系统，基于知识生命周期的知识管理系统，基于知识实践框架的知识管理系统，基于资源的知识管理系统以及基于标记技术的知识管理系统等。

我们在开发图书馆知识管理系统时，应注意的方面包括：①用户接口设计。即要求知识库管理员在选择工具时，必须考虑是否有标准接口或是否可以按照与组织的其他应用一致的方式来定制。②文本检索与多媒体检索。即要求所开发或利用的搜索引擎能够检索到与检索表达式不完全匹配但实际含有相关信息的文档，而且能够按照相关率高低对检索条目排序。③知识地图。即要求把知识库中的资料与知识目录连接起来。④个性化。即满足知识库管理员手工创建用户文档，或基于 E-mail 标题与原检索式中检索词的自动生成文档来实现知识库的个性化。⑤标准查询。即要求知识库引擎允许知识库管理员定义标准查询，这种标准查询涉及所有用户专门配置文档的关键词，也允许用户公布个人查询。⑥近似组过滤。即满足为用户创建表定义主题选择来实施近似组过滤。⑦知识目录。即要求知识库引擎在用户检索知识地图时，能够识别相关主题专家和馆藏存储信息。⑧合作与通信。即允许被地点和时间分离的团队成员共享那些解决新建议的必要信息，包括方案文件、工作计划、个人计划、讨论组等。

组织知识管理系统不仅仅是信息技术系统，而是由技术基础、组织基础、组织文化、知识与人组成的复杂综合体。因此，今后成熟的图书馆知识管理系统除着重于信息技术外，还应该考虑图书馆组织、图书馆文化与人力资源等问题，以保障图书馆的可持续发展。

（五）建设学习型图书馆

1. 学习型图书馆的特点

图书馆知识管理的策略之一，是建设学习型图书馆。在学习型图书馆中，学习、知识共享、提高员工的素质将是图书馆的一项重要职能和目标，图书馆会开展经常性的培训以及团队学习活动。在学习型图书馆中，学习已经内化为图书馆的日常行为，融入图书馆的血液之中。主动学习、自觉学习将代替被动学习，制度性学习、系统化学习将代替零星式学习。总之，向学习型图书馆发展可以从根本上改变一个图书馆的处境。

（1）在思维方式上，学习型图书馆具有以下特点：①有一个人人赞同的共同构想。②在解决问题和人事工作时，摒弃旧的思维方式和常规程序。③成员对所有的组织过程、活动、功能与环境的相互作用进行思考。④人们之间坦率地相互沟通（跨越纵向和水平界限），不必担心受到批评或惩罚。⑤人们摒弃个人利益和部门利益，为实现图书馆的共同构想一起工作。

（2）在组织结构上，学习型图书馆具有以下特点：①适应于团队工作而不是个人工作；②适应于项目工作而不是职能性工作；③适应于创新而不是重复性的工作；④有利于馆员的相互影响、沟通和知识共享；⑤有利于图书馆的知识更新和深化；⑥有利于图书馆增强对环境的适应能力。

2. 学习型图书馆的功能

（1）系统思考。系统思考是学习型图书馆的核心。它教会人们运用系统的观点来看待图书馆的生存和发展，进而将图书馆成员的智慧和活动融为一体。系统思考能引导人们由看事件的局部到纵观整体，由看事件的表面到洞察其变化背后的深层结构，由孤立地分析各种因素到认识各种因素之间的互动关系和动态平衡关系。

学习型图书馆的每一项功能都呈现三个层次，即演练、原理和精髓。其中，演练是指具体的练习，原理是指导练习活动的基本理论，而精髓则是指修炼纯熟的个人或团体所自然地体验到的境界，这种境界往往只可意会，而难以用语言或文字来表达。这些都是现代图书馆的管理者孜孜以求的。

（2）团体学习。团体学习是发展图书馆成员互相配合、整体搭配与实现共同目标能力的过程。通过团体学习，可以获得高于个人智力的团体智力，形成高于个人力量之和的团体力量，在团体行动中，达到一种"运作上的默契"和形成一种"流动的团体意识"。

在图书馆中，针对图书馆改革的需要，针对图书馆任务的需要，针对部门的需要等，都可以组织团体学习，让团体成员在学习中理解和创新。以图书馆的人事改革为例，当图书馆的人事改革目标确立以后，要通过学习使全体馆员认识到改革的重要性和必要性，愿意去改革并努力为改革献计献策，解决改革中出现的个人利益与整体利益的冲突、短期利益与长远利益的冲突，变消极因素为积极因素，变被动改革为主动改革，变照搬模仿为开拓创新。

图书馆是社会教育、文化和学术的一个中心，是一个非营利性组织。当这个组织遇到复杂问题时，既要进行学习，也要发挥团队精神。图书馆团队精神要求为实现人类文明进步和社会发展，以知识信息服务为己任，增强责任感和使命感，通过勤奋努力、团结协作、坚持不懈、不断创造，促进人类知识与信息的生产、传播与利用。

团体学习的修炼需要运用深度会谈与讨论两种不同的团体沟通方式。深度会谈要求团体的所有成员摊出心中的假设，暂停个人的主观判断，自由而有创造性地探究复杂的议题，以达到一起思考的境界；讨论则是提出不同的看法，并加以辩论的沟通技术。通常团体用深度会谈来探究复杂的议题，用讨论来形成对事情的决议。

（3）自我超越。自我超越是指突破极限的自我实现和获得娴熟的技艺的过程，自我超越的修炼包括以下内容：①建立个人愿景，即树立个人远大理想和宏伟目标；②保持创造性张力，即不断地从个人愿景与现实之间的差距中创造学习与工作的热情与动力；③解决结构性冲突，即排除阻止个人追求目标和迈向成功的结构性心理障碍；④运用潜意识，即发展潜意识与意识之间的默契关系，以增强意志力。

（4）改进心智模式。心智模式是指根深蒂固于心中，影响着人们认识周围世界以及如何采取行动的许多假设、成见和刻板印象。改进心智模式就是图书馆成员和图书馆自身打破既成的思维定式，解放思想，进行创造性思维的过程。改进心智模式的修炼包括以下内容：①辨认跳跃式的推论；②提出对事物的假设；③探询与辩论；④对比拥护的理论和使用的理论。

（5）建立共同愿景。图书馆成员树立共同的远大理想和宏伟目标的过程，通过建立共同愿景，把图书馆全体成员团结在一起，创造出众人是一体的感觉。共同愿景深入人心以后，每个员工都会受到共同愿景的感召和鼓舞。对图书馆来说，建立共同愿景，就是要确立新时期图书馆的目标和任务，树立图书馆的形象，将馆员的个人价值与整个图书馆的价值统一起来，将个人的责任与整个图书馆的使命统一起来。这样形成的图书馆规划与图书馆设计不只是代表图书馆馆长的意愿，而是图书馆全体成员的志向和符合时代需要的可实现的工作指南。

建立共同愿景的修炼包括以下内容：①鼓励个人愿景，即鼓励个人设计自己的未来；②塑造图书馆整体形象，即培养图书馆成员的集体观念，从集体利益出发分担责任；③融入图书馆理念，即将共同愿景融入图书馆理念之中；④学习双向沟通；⑤忠于事实，即从事实与共同愿景之间的差距中产生图书馆的创造性张力。

第三节　图书馆质量管理

一、质量管理概述

质量是一组固有特性满足要求的程度，质量管理指的就是为了实现质量目标，而进行的所有管理性质的活动。具体内容包括：

第一，质量方针。由组织的最高管理者正式发布的该组织总的质量宗旨和方向。它是企业经营总的方针组成部分，是管理者对质量的指导思想和承诺。其基本要求应包括供方的组织目标与顾客的期望和需求，也是供方质量行为的准则。

第二，质量目标。质量目标是在质量方面所追求的目的，是企业行为的理论依据，对产品质量、运行有效性等具有积极影响。

第三，质量策划。质量管理的一部分，致力于制定质量目标并规定必要的运行过程和相关资源以实现质量目标。包括产品策划、管理和作业策划、编制质量计划和做出质量改进规定。

第四，质量控制。为达到质量要求所采取的作业技术和活动称为质量控制。这就是说，质量控制是为了通过监控质量形成过程，消除质量环节中所有不合格或不满意效果的因素，以达到质量要求。

第五，质量保证。指为使人们信任某一产品、过程或服务的质量所必须具备的全部有计划、有组织的活动。

第六，质量改进。为向本组织及其顾客提供增值效益，在整个组织范围内所采取的提高活动过程的效果与效率的措施。质量改进是消除系统性的问题，对现有的质量水平在控制的基础上加以提高，使质量达到一个新水平、新高度。

二、图书馆质量管理体系的构建

（一）质量管理体系的内容

第一，质量管理的方针和目标。图书馆的发展有着明确的方向，这一方向指导图书馆管理及服务发展的方向，决定着质量管理的方针和目标。这个方针和目标就是在读者满意的基础上，大力发展图书馆事业。

第二，质量管理体系的任务。由于信息社会和科学技术的快速发展，读者对信息服务的需求不断变化，为了促使图书馆持续地改进服务项目和服务品质，图书馆建立此质量管理体系。以读者的需求和期望为研究对象，归纳出读者的需求并以规范性、标准性文件的方式表达出来，成为图书馆质量管理中的行为准则，最终达到读者满意的效果。

第三，质量管理体系要求。质量管理体系的要求包括各种工作规范、活动程序、质量标准等一系列日常工作行为应参考的各种规范性文件和活动的程序。这些文件能帮助管理层和普通馆员沟通意图、统一行动，有助于质量管理要求的完成。

第四，质量管理体系的方法。以各种统计法为基础的质量管理方法的运用。

第五，质量管理体系的评价。包括质量管理体系中过程的评价、体系审核、体系的评审和自我评定。

第六，最高管理者在图书馆质量管理中的作用。

第七，质量管理体系的改进。作为一个规范性体系，质量管理体系的改进需要有可以说明的数据，并遵从一定的程序，最后才能通过执行。

（二）质量管理体系的全面构建

图书馆质量管理体系①根据图书馆工作的特点选用若干体系要素加以组合，为加强从图书外借、阅览、信息服务、数字化管理等若干项针对用户和图书馆内部管理设置的标准化、制度化的规范性体系和活动程序。

1. 质量管理体系的构建原则

（1）以读者为中心原则。图书馆是为读者提供信息服务的组织，为读者服务是图书馆不变的工作内容。图书馆实行质量管理的目的就是更好地为读者提供各种服务，质量管理体系应该是以读者为中心的。而为实施这一质量管理原则，图书馆要充分考虑的因素包括：①全面了解读者的现实需求和合理期望；②在图书馆内部对读者的需求和期望进行交流；③使图书馆质量管理方针、目标体现读者的需求和期望；④调查和评估读者对图书馆的满意程度，并采取相应改进措施；⑤兼顾读者与其他相关方的利益；⑥与读者建立良好的沟通渠道。

（2）馆员的全面参与原则。馆员是质量管理体系的贯彻执行者，只有他们的充分参与，才能使馆员的才干为图书馆带来发展。其中应该包括的内容有：①激发馆员的工作精神、积极性和创造性；②将质量管理目标分解，明确馆员的工作任务；③明确质量管理的具体要求；④鼓励馆员运用工作自主权，独立处理相应问题；⑤提高馆员的知识、能力、经验；⑥使馆员获得工作成就感和自豪感。

（3）充分发挥图书馆领导者作用的原则。图书馆的领导者包括馆长和中层管理者。他们对质量管理体系的形成起到了决定性作用。这里要求馆长做好图书馆的发展战略和行为价值观的确定工作，其他管理者做好管理制度的执行工作。具体行为包括：①制订图书馆的发展规划、方针和目标；②创建共同的质量观，形成和保持组织文化；③规定图书馆的组织结构，包括职责、权限；④创建和谐的工作环境，加强馆员间的信任、沟通与竞争。

（4）持续改进性原则。质量管理涉及的所有内容不是固定的，应该根据总体的业绩进行持续的改进。具体包括：①制定指导性的、可实现的持续改进目标；②采取有效的改进方法：过程监测、体系审核、数据分析、纠正措施和预防措施。

---

① 图书馆质量管理体系是图书馆内部建立的、为保证服务质量或实现服务目标所必需的、有系统的质量管理活动。

（5）基于事实的决策方法原则。图书馆的质量管理是建立在数据和信息分析的基础上，因此要贯彻这一原则要实施的行为包括：①按规定的渠道和方法收集有关数据和信息；②确保数据和信息的真实性、准确性、及时性；③采取适当方法进行数据处理和信息分析；④决策民主化、科学化、程序化，要杜绝决策的主观随意性和盲目性。

2. 图书馆质量管理体系的实行步骤

图书馆为了开展质量管理工作，必须构建一个完善有效的质量管理体系。构建这个体系是一个复杂的工作和过程，具体可以通过以下步骤进行：

（1）做好构建质量管理体系的准备工作。

第一，质量管理工作是图书馆日常管理工作的一部分，图书馆为了今后的发展，有意将质量管理推向标准化、制度化和国际化，就更需要质量管理科学方面的知识，掌握质量管理的概念、标准的术语和这门科学基础理论。所以，要想构建达到国际标准的质量管理体系，必须学好质量管理科学。

第二，在馆内设置专门的组织和人员来承担质量管理体系的构建工作。质量管理体系应该设立专门的工作小组，并由图书馆领导直接负责这项工作。专门小组的工作人员要根据一定的要求进行选择，要有很强的责任心，勤奋好学的精神，具有良好的图书馆学、信息学、质量管理方面相关知识，熟悉图书馆业务工作，具有较强的沟通和协调能力。

第三，做好构建前的调查、咨询、资料准备工作。构建质量管理体系应该实事求是，切实从所在图书馆的具体情况出发，广泛征集相关意见，对有价值的建议予以参考，适当引进成熟案例范本，为最终形成文件做好准备。

（2）编制质量管理体系的各种文件。既然要建立质量管理体系，那么相应质量管理文件就不可缺少。这些文件是图书馆质量管理行为和活动所须遵守的准则。图书馆质量管理体系文件主要包括：质量手册、程序文件和岗位工作细则。

质量手册规定的内容有：图书馆的质量方针、组织机构及其职责、质量体系要素的描述等；程序性文件是为进行某项活动所规定的途径，其主要内容有：程序文件名称、目的、适用范围、职责、工作程序、相关文件、记录表格等；岗位工作细则是对各个工作岗位的岗位职责和工作规范的具体规定，内容主要有：岗位名称、岗位职责、工作流程、依据文件等。

（3）质量管理体系实行前的培训工作。质量管理体系涉及的各种规范性文件，是按照国际标准化的要求进行设计、制定的。所以，难免在文件中存在晦涩难懂的词句，这时就需要从事规范性文件编撰的人员对普通馆员进行讲解和诠释。这样才能使这些文件融入图书馆的日常工作中去，并避免馆员从不同角度理解这些规定，从而保证行为的一致性，最终使质量管理规范得到很好的贯彻执行。

（4）质量管理体系的试运行。图书馆质量管理体系构建完成后，不能直接适用。而是需要在正式执行前进行必要的试运行。在试运行过程中，有针对性地做好两项工作：①继续宣传贯彻质量管理体系文件，务必使馆员认识到质量管理体系是一种全新工作变革，要适应这种变革就必须认真学习、贯彻质量管理体系文件；②注重发现运行过程中的问题。质量管理体系是工作人员根据相应的材料和设想制定的，必然会存在一些问题，有些是操作上的，有些是理论上的。因此，试运行阶段一定应注意这类问题和有关信息，并将这些信息收集、分析、传递、反馈、处理和归档，以便修正、完善质量管理体系。

（三）质量管理体系的认证

质量认证是随着商品交换中的质量保证问题的产生而发展起来，图书馆质量管理体系认证是图书馆依据质量管理体系标准从事质量管理，然后由质量管理体系认证机构对图书馆质量管理体系实施过程进行评定，并通过颁发体系认证证书的活动。

作为质量管理体系中的一项工作，认证对图书馆的质量管理具有积极的作用和意义，主要表现在：①图书馆实施质量管理体系认证具有质量保证作用；②认证可以提高图书馆的服务信誉；③质量体系认证为图书馆提供了科学的管理手段，使图书馆的质量管理体系规范化，从而提高了服务的质量、工作的质量和效率；④质量管理体系认证有效地保护了读者的利益；⑤质量管理体系认证促进了馆际交流和国际交流。

第四节　图书馆文化管理

一、图书馆文化的功能

第一，导向功能。图书馆文化是反映图书馆整体的共同追求、共同的价值观和共同的利益，它对图书馆馆员和读者群的思想、行为产生导向作用。良好的图书馆文化能够潜移默化地影响馆员接受并形成本馆共同的价值观，能在文化层面上结成一体，朝着共同确定的图书馆目标奋进。同时，图书馆也在对读者的服务中影响读者，使其养成良好的行为习惯等。

第二，调节功能。图书馆文化能起到优化精简组织机构、简化管理过程的作用，也可以调节人际关系，形成良好的氛围。图书馆文化最终把图书馆的价值观作为引导图书馆发展的最终依据和衡量决策方案优劣的尺度。在图书馆文化的作用下，全体成员有共同的价值观，共同的语言，互相理解、互相信任，促进了彼此间的充分交流，在工作中形成良好的人际关系。

第三，凝聚功能。在特定的文化氛围之下，全体馆员通过自己的切身感受，产生对本职工作的自豪感和使命感，对图书馆的目标、准则和观念的认同感和归属感，馆员把自己的思想、感情、行为与整个图书馆联系起来，使图书馆产生强大的向心力和凝聚力，发挥出整体优势。

第四，激励功能。在图书馆文化创造的尊重人、理解人、关心人的氛围中，激发和调动全体成员的积极性和创造性，为实现图书馆的共同目标而团结拼搏。

第五，塑造形象功能。优秀的图书馆总是向社会展示自己良好的管理风格、运行状况及积极的精神风貌，从而塑造出图书馆良好形象，以赢得读者和社会的承认与信赖，从而更好地为社会服务。

第六，约束功能。通过图书馆文化所带来的制度文化和道德规范，馆员们自觉接受文化的规范和约束，按照图书馆的价值观的指导进行自我管理和控制，使其符合图书馆的价值观念和发展需要。

第七，辐射功能。图书馆是社会的细胞，图书馆文化不仅在图书馆内部发挥着作用，对本图书馆员工产生影响，而且还通过图书馆为外界提供的服务以及与社会其他部门的往来关系等，把图书馆的优良作风、良好的精神风貌辐射到整个社会，对全社会的精神文明建设和社会风气的根本好转，产生积极的影响和促进作用。

二、图书馆文化管理的特点

图书馆文化管理就是把图书馆的软要素——文化作为图书馆管理的中心环节的一种现代图书馆管理方式。它从人的心理和行为特点入手，培养图书馆组织的共同价值和全体员工的共同情感，形成自身的组织文化；从组织整体的存在和发展角度去研究和吸收各种管理方法，形成统一的管理风格；通过图书馆文化培育、管理文化模式的推进，激发馆员的自觉行为和内在积极性。

（一）以人本管理为基础

文化管理是在"人本管理"基础上发展起来的新的管理模式。它强调人是图书馆最宝贵的资源和财富，也是图书馆活动的中心和主旋律。人的范围不仅包括图书馆员，更重要的是用以人为本的理念对待读者和用户。图书馆要充分重视人的价值，最大限度地尊重人、关心人、依靠人、理解人、凝聚人、培养人和造就人，充分调动人的积极性，发挥人的主观能动性，努力提高图书馆全体馆员的社会责任感和使命感。

（二）以软性管理为主

文化管理强调从人的心理和行为入手，培养图书馆组织的共同价值观和图书馆馆员的共同情感，形成图书馆自身的文化体系。然后，通过这种柔性而非刚性的文化引导，建立起图书馆内部合作、友爱、奋进的文化心理环境，以及协调和谐的人群氛围，自动地调节图书馆员工的心态和行动，使图书馆的共同目标转化成为馆员的自觉行动，使群体产生最大的协同合力。实践证明，这种由软性管理所产生的协同力比刚性管理制度有着更为强烈的控制力和持久力。

文化管理以软性管理为主，不代表完全放弃刚性管理控制手段，而要刚柔并济，软硬兼施。图书馆制度同时有着刚性的一面，但要靠图书馆共同价值观和图书馆精神得以自觉遵守；图书馆道德、图书馆精神是非强制性的，但其形成的群体压力和心理环境对馆员的推动力又是不可抗拒的。这种图书馆文化软环境的建立和维持，也离不开通过执行制度、进行奖惩来强化。软环境保障硬管理，硬环境强化软管理，这就形成了文化管理的辩证法则。

（三）以群体凝聚力为目标

图书馆的馆员和读者有着不同的个人经历，不同的风俗习惯、文化传统、工作态度、行为方式、目的愿望等。这些可能导致成员之间、馆员与读者之间的摩擦、对立，这往往不利于图书馆的目标实现。

图书馆文化通过建立共同的价值观和寻找观念共同点，不断强化图书馆馆员之间的合作、信任和团结，使之产生亲近感、信任感和归属感，实现文化的认同和融合，在达成共识的基础上，使整个组织具有一种巨大的向心力和凝聚力。

（四）以文化为根本手段

文化管理强调"以文化人""以文治馆"。文化管理的核心内容就是认为图书馆需要建立一套适应读者要求的文化体系，以其贯穿、整理、提升和完善图书馆的管理制度和行为规范，使之完美地表现这种适应性文化的要求。同时用这种个性文化塑造馆员的思想和心灵，使他们为这种文化所指引，对图书馆文化深刻认同，成为这种文化的自觉执行者和推动者，使图书馆从物质文化、制度文化到精神文化，从静态到动态完全统一，以此来实现图书馆目标和个人目标的有机结合，实现图书馆与社会的精神文明发展的最佳组合和动态平衡。

三、图书馆制度文化管理

图书馆制度文化是图书馆文化的一个组成部分，既是图书馆物质文化①的工具，又是精神文化②的事物，构成了图书馆人行为与活动的习惯规则。构成图书馆人行为与活动的习惯规则的内容包括图书馆的组织方式、管理方法和各项规章制度，它是塑造和延伸图书馆文化的坚实手段和有力保证。

（一）图书馆制度文化特征

图书馆制度文化的特征如下：

第一，强烈的时代感。图书馆制度文化的发展水平最终取决于社会生产力的发展水平。社会不同历史时期，人们创造的制度文化当然要符合当时生产力的发展水平，图书馆也不例外。不同时代建造的图书馆，单从建筑及厅堂设施来看就各具特色，这就是与建造时代相同的制度文化特征。

第二，外显性。图书馆的制度文化常常是可以观察得到和感受得到的，它处于图书馆文化体系中的表层部分，属于图书馆硬文化，有很强的外显性。

第三，发展性。在很大的程度上，图书馆的大部分文化是在建馆之初已经设计好的，如图书馆建筑的外形及内部结构，图书馆的厅堂装饰等，但是随着时代的发展，社会的进步，图书馆的一些制度文化也在悄然改变原来的面貌，跟随时代的发展而进步。

第四，权威性。图书馆制度体系一旦建立，制度一经制定实行，就具有极大的权威性和严肃性，图书馆员工的行为规范和准则就明确下来，图书馆的一切活动和图书馆与其他社会组织的关系将限定在图书馆制度的范畴之中，而不能随意更改。制度是图书馆的内部"法规"，制度的稳定性是相对而言的，因为图书馆的运行和图书馆面对的社会环境都在不断的变化中。为了适应时代、环境的变化，需要对图书馆的规范性规定进行适时的修改和创新，不然就会束缚图书馆的发展。

第五，中介性。图书馆制度文化是精神文化的反映和体现，同时它也是物质文化的工具。精神文化只有通过制度文化才能对物质文化发生作用；而物质文化只有通过制度文化才能反映出对精神文化的反作用。随着时间的推移，这些观念被图书馆人所接受，而形成图书馆的新价值观，从而影响图书馆的制度。制度文化既是适应图书馆物质文化的固有形

---

① 图书馆的物质文化就是指图书馆建设的物质成果。包括图书馆信息资源的获得（投入）、配置、规模、图书馆馆舍及设施等，它是展现图书馆整体外貌和水平的物质文化。包括馆藏文献、物资设备、馆舍建筑、内外环境等。

② 图书馆的精神文化就是指以价值观念为核心的图书馆价值体系及由此决定的行为方式。它深藏于图书馆内部，包括图书馆价值观念、整体形象、职业道德、发展目标、人际关系等。

式，又是塑造图书馆精神文化的主要机制和载体。正是制度文化的中介性和传递性体现出其在图书馆文化建设上的重要作用。

第六，规范性。图书馆的制度文化是强制性的。因为规章制度不同于图书馆的基本信念、价值观和行为规范——这些可以依靠人们的传统习惯、内心信念和社会舆论来维系。为实现图书馆的目标、使图书馆日常工作有序的顺利进行，对于员工的行为给予一定的限制是必要的。作为一种来自员工自身以外的、带有强制性的约束，图书馆制度是强而有力的。同时，图书馆的制度文化又是普遍性的。图书馆制度是图书馆全体员工共同的行为规范，规范着图书馆的每一个人。因此，图书馆制度必须反应群众的要求，制定时应充分听取群众的意见，在执行中依靠群众互相监督，自觉执行。

（二）图书馆制度文化的内容

图书馆制度文化作为一个复杂的体系，由若干个子系统构成。

第一，图书馆的领导制度与文化。领导制度是指领导层中各个方面、各个环节的职责分工、相互关系、权力划分和工作机构设置的规定。图书馆领导制度受生产力和文化的双重制约，生产力水平的提高和文化的进步，都会产生与之相适宜的领导体制。在图书馆制度文化中，领导体制影响着图书馆组织机构的运行，制约着图书馆管理的各个方面。图书馆领导制度是制度文化的核心内容，卓越的图书馆领导者应当善于建立统一、协调、通畅的图书馆制度文化。

第二，图书馆的组织机构与文化。组织机构是图书馆为了有效实现图书馆的目标而建立的图书馆内部各组成部分及其相互关系。组织机构随着图书馆的社会环境的变化及社会对图书馆的要求而有所调整。不同的图书馆文化有着不同的组织机构，中西方图书馆的组织模式就各不相同，它们都是在适应各自社会文化中逐渐形成的。

第三，图书馆的管理制度与文化。图书馆管理制度是图书馆为求得最大社会效益，在图书馆实践活动中制定的带有强制性义务，并能保障一定权利的各项规定和条例等。图书馆管理制度是实现图书馆目标的有力措施和手段，是图书馆健康发展的有力保障。优秀的图书馆文化的管理制度必然是科学的、完善的、实用的管理方式的体现。同时，图书馆管理制度也影响和制约着图书馆文化发展的总趋势，促进不同图书馆文化朝着个性化方向发展。

（三）图书馆制度文化的构建

有了完整的图书馆制度体系和科学的管理手段，只是建设制度文化的必要条件，图书馆还需要通过宣传、教育的手段让员工理解认识制度体系。这样才能构建制度文化的氛围。

第一，培育图书馆精神——制度文化的基础。制度文化与图书馆精神文化有着密切的关系，制度文化从属于图书馆精神文化，是精神文化的具体体现。将图书馆员工在图书馆实践中共同认同的价值观、思想意识、行为准则等制定出来，表达图书馆的价值取向和行为模式，就形成了制度。因此，培育积极向上的图书馆精神，可以为制度文化的建设打好坚实的基础。

第二，宣传图书馆制度——制度文化的氛围。利用报纸、广播、电视、宣传栏、宣传册、展览、网页等形式对图书馆制度进行宣传，教育、引导馆员对制度理解、认同和接受。同时，图书馆可以通过会议、调查研究、知识竞赛、演讲活动、报告讲座等手段，进行双向交流，形成舆论和文化氛围。图书馆可以效仿企业的 CI 标志①设计理念，使图书馆制度文化更加形象具体。现在许多图书馆都注重形象工程的建立，确立本馆有特色的 CI 系统，从而营造本馆的制度文化氛围。

第三，馆员的多重互动——制度文化的传递。馆员的互动是通过日常的人际交往实现的，其中虽不存在权利的制约因素，却对人们产生一定的心理影响，这包括图书馆员工与员工、员工与管理者、员工与读者之间的相互交流。

新老馆员的交流过程就是价值观和行为方式的传递过程，也就是图书馆制度文化的传递过程。员工为读者服务的过程，也传递了图书馆制度文化的信息。如图书馆的服务理念、服务行为规范、图书馆员工的职业道德等，都可以通过馆员的服务态度、服务水平、服务行为表现出来。由于员工与读者的互动交往对员工产生社会性评价效果，员工就必须用图书馆制度来约束和调整自己的行为方式，而产生好的社会服务效果。因此，馆员的多重互动是图书馆制度文化传递的主要方式，抓好此项工作对图书馆构建制度文化有极大的作用。

---

① CI 标志，是指企业文化识别系统。其包括企业形象识别、企业活动识别、企业理念识别。企业形象识别系统企业形象识别系统，CI 是英文 Corporate Identity 的缩写，是英文 Corporate Identity System 的缩写，意译为企业形象设计。CI 是指企业有意识、有计划地将自己企业的各种特征向社会公众主动地展示与传播，使公众在市场环境中对某一个特定的企业有一个标准化的印象和认识，以便更好地识别并留下良好的印象。

第三章　图书馆管理创新的多维视角探索

第一节　信息化背景下图书馆管理创新

"随着信息的传播手段和传播效率的提高，信息化对现实社会的影响也越来越大。"①对于图书馆管理而言，无论是在图书的数据库完善，还是在读者借阅的信息化方法上都有了大幅进步，不仅给读者带来巨大便利，同时还节省图书馆的人工成本，让图书馆管理变得更加高效。图书馆管理人员应当对信息技术有足够认识，在进行管理过程中，积极使用信息技术手段，让图书馆的发展紧跟时代潮流。

一、信息化背景下图书馆管理的机遇与优势

（一）信息化背景下图书馆管理的机遇

在网络技术、计算机技术的高速发展下，各项生产与工作都在朝着信息化、智能化、一体化的方向迈进。在此背景下，不仅丰富了数据信息，而且实现了资源共享。信息化技术为图书馆的管理工作也带来了一些机遇，具体表现在：

第一，节约成本费用。图书馆的管理工作，不仅需要耗费大量的时间与精力，还需要耗费大量的财力与资金。因此就要在保障资源充分利用的基础上，节约更多的成本费用，才能实现优质化管理。

在信息化背景下，就可以达到这一目标。通过各种现代信息技术的运用，如大数据技术、云储存技术等，可以快速、准确获得大量的图书资源，并将其以电子书方式存储，能够满足读者的个性化阅读。

在互联网技术与计算机技术下，能够密切跟踪读者的个性化需求，然后进行精准推送、资源共享，节约了更多的管理时间与成本。通过这些信息技术的运用，还节约了图书馆采购图书的费用，节省了人工成本，提高了存储效果。

第二，优化管理方式。图书馆通过信息化的实现，就可以将图书馆的管理机构，进行

---

① 王璐璐：《信息化背景下公共图书馆阅读推广策略创新研究》，载《文化产业》2021年34期，第127页。

重新优化与配置。并且通过管理制度的建立，可以将具体任务和责任细化与落实到每一位人员身上。然后进行严格规范与约束，能够实现工作人员之间的互动交流，管理人员与读者的密切协调。进而调整管理方法，优化工作流程，提高工作效率。可见，在信息化背景下，有效降低了管理工作难度，减轻了工作量与负担，让管理方式更加高效与便捷化。

第三，提高服务质量。图书馆的服务质量高低，将影响着图书馆的持续运行与发展，决定着读者的满意程度。在信息化下，各项服务工作，都能够实现智能化、远程化、个性化，来针对读者的实际需求，进行图书资料的推送与提供，有效提高了服务质量与效率。此外，在互联网环境下，还能够实现图书馆资源的深度挖掘，读者可以随时随地获取图书资料。服务方式更加灵活与多元，服务质量显著提升。

（二）信息化背景下图书馆管理的发展优势

第一，书籍服务效率和质量更高。图书馆使用信息技术，优化相关服务最显著的优势就是能够大幅提升服务的效率和质量。在信息化管理模式下，书籍服务的效率得到了提升，整个图书馆的服务更加便捷，而且通过对海量数据的信息化管理，能够避免人工管理可能出现的各种问题，服务质量更好。

第二，网络查询、借阅体验更好。通过信息化方法来进行图书馆管理不仅能够提升现场查询、借阅的效率，还能通过网络为读者远程操作提供更为便利的条件。便捷的服务是信息化背景下图书馆管理模式的一大优势，应当受到更多关注。

第三，针对性信息推送，优化读者体验。在先进技术的综合应用下，读者通过图书馆的 APP 不仅可以按照关键词进行数据的查阅和借阅预定，还能根据读者的借阅记录和浏览记录，为读者推送一些符合他们喜好的书籍内容，为他们提供定制化的借阅服务。

图书馆可以在 APP 上让读者更好地了解图书馆内部的活动安排，如展览安排、活动计划等。这样不仅让图书馆的宣传打破了时空界限，还能通过吸引更多读者参与活动扩大影响力。更重要的是，针对性地推动信息能够让读者的体验更好，有助于培养读者黏性，对图书馆未来的发展也会更有利。

二、图书馆信息化建设的特点与意义

（一）信息化建设的特点

1. 快速交付

信息化建设无论是承建方还是投资方，都在期望交付的周期更短、速度更快、质量更好、成本更低、体验更舒适。新时期软件系统的交付，更加追求交付的效率、效果和满意度，这种追求就是快速交付新特点。快速交付新特点是信息化建设追求的目标，需要依托各种专业的知识、方法和技术，实现信息化建设的更快、更好、更经济三个目标。

（1）更快目标。更快目标是快速交付新特点的本质，包括搭建更灵活、更扩展的软件交付环境，建立更自动化的软件交付过程，实现更透明的软件交付治理，采用的手段包括：

第一，使用专业的方法和工具、成熟的流程和模板，依托交付知识，使用交付知识，用知识支撑更快。

第二，充分利用组织资产，将积累的经验、成果转化为业务组件、功能组件和服务组件，通过交付能力将这些组件进行快速组织、编排，量体裁衣配置所需要的功能，用转化和配置实现更快。

第三，通过增强业务需求的适应力、应对变化的灵活性和服务的响应度，以满足业务目标为指导、需求变化为核心、服务功能为目的，用响应体现更快。

第四，建立起全生命周期的项目管理机制，将管理的过程、量化与交付的能力、标准、成果结合起来，避风险、降成本、增质效，用机制保障更快。

（2）更好目标。新时期信息化建设不仅要在交付工期上做到更快，而且还要在交付质量上做到更好，更好目标是快速交付新特点的基石，采用的措施包括：

第一，采用松耦合、低依赖、高扩展的设计模式，从设计能力上避免业务流和数据流要么横向不畅、要么竖向不通的诸多竖井，打破信息孤岛，保障业务应用的顺畅，为经营策略提供支持，从设计能力上满足更好。

第二，采用轻量级、高性能、高稳定的技术路线，使用成熟、主流的开发框架、专业高效的工具和方法，从技术能力上支撑业务实现，避免系统的缺陷和不足，保障系统高性能运行，从技术能力上支撑更好。

第三，针对具体问题要及时分析、解决和总结，面对交付风险要及时应对、化解和转移，通过提高交付团队的解决问题、化解风险的能力，从团队组织上保障更好。

第四，合理设置质量指标，严格遵循质量体系标准，全程管理控制好质量过程，将软件全面质量管理活动贯穿在项目全生命周期中，从过程管理上做到更好。

（3）更经济目标。更经济目标是快速交付新特点的核心，是在满足既快又好的前提下所期待的。更经济的本质是追求降成本、提质量、缩工期、增收益，采用的方法包括：

第一，通过人力资源的科学配置来降低成本，实现更经济。具体来说就是合理构建交付能力，优化能力的数量和质量。建立敏捷高效交付团队，做到层级结构合理、技能构成合适、人员数量适当、技能素养匹配。

第二，通过提高交付质量、做好变更控制避免相关损失，实现更经济目标。具体来说就是要深刻理解交付标准，在交付过程中严格执行标准，避免发生偏差，造成不必要的损失。同时要严格控制变更，避免随意变更、反复变更、无序变更而引起的成本费用增加、开发周期延长、产品质量下降。

第三，通过赶超交付进度或缩短交付工期，实现更经济。就是在软件技术上要使用主流的技术框架、成熟的解决方案、专业的技术创新来提升生产力，让交付变得简单高效。同时要对积累的知识与成果进行归集形成组织资产，利用组织资产让交付变得事半功倍，达到优化关键路径、缩短交付工期的目的。

第四，通过创造更多的业务价值和获取更多的资产收益，实现更经济。在全球化大背景下，一方面要形成服务共享化、协作流程化、资源社会化；另一方面还要做好数字化转型，将数据转换成服务，促进信息化建设的产业链发展，从资产和价值方面实现增收益。

2. 深度融合

应用场景和服务模式的创新，在推动着以大数据、5G 通信、区块链为代表的信息技术在软件系统中的广泛应用。信息技术的创新，又在促进着应用场景共建智能世界、服务模式寻求人性价值。这种推动和促进，使得信息技术、应用场景和服务模式三者深度地结合起来，紧密地融合一体，围绕用户的舒适体验满意度，通过共享开放为应用提供更好的场景，为服务提供更佳的模式，为信息技术提供更多的应用。深度融合新特点既是一种能力要求，又是当前信息化建设的发展趋势。深度融合的未来必将是通过数字化转型，实现应用共享与技术开放、数据共享与服务开放、模式共享与场景开放。

（1）技术融合。新时期信息化建设的技术融合不同于以往的技术应用，是必须为与之相适应的信息技术提供支撑，使得技术创新与应用场景相互促进、与服务模式共同发展。技术融合与信息技术的进步、开发语言的变迁、系统平台的演进有着直接关系，具体来说：

第一，软件系统给建设者、使用者留下了大量自主、外包的技术成果，同时也带来了运维和管理的复杂性。技术路线的多样性和成熟度，使得这些成果来源久远、相互交织、错综复杂，需要通过技术融合进行成果的更新和复用。

第二，在长期的信息化建设过程中产生的不同老旧系统，其使用的框架、架构、工具等在业务应用方面产生了诸多竖井，为资源整合和系统集成带来了困难和障碍。只有通过技术融合，才能满足门户集成、平台扩展、业务整合、数据共享，才能实现新系统的建设和旧系统的升级换代。

第三，随着开源技术、共享平台、自动化工具、标准化组件等被广泛地应用，软件系统的建设已经真正进入到傻瓜式阶段，技术融合可以使大多数应用功能通过一些配置来实现，如自定义、可扩充、高复用、插拔式等，因此，配置即代码是技术融合的核心。

第四，与时俱进、积极推动大数据、人工智能等新的信息技术在网络社区中的效应，通过技术融合来驱动开放与协作、开源与共享，将业务应用的创新与开源技术的运用有机地结合，为信息化建设提供技术支持和资源保障。

（2）场景融合。随着技术融合的广泛应用，不同行业的软件系统对业务支撑的关注点也发生了深刻的变化，由传统的面向应用转变为面向服务，由单一事务型转向为互联智能型。场景融合在追求单个应用场景独立性和便捷性的同时，更期待以应用场景为单元的智能化和数据化。场景融合不仅要求做好应用场景的服务设计和数据设计，而且更要求用技术创新和模式创新来支撑，场景融合的本质是通过技术和模式，实现场景的智能和联想，它改变了信息化的建设思路和实施方法，具体来说：

第一，采用信息化开放标准，将不同企业开发的应用场景实现互联互通、想用即用，场景融合可以将不同业务应用的场景拆分、组合，方便软件系统更好地集成和重构，为用户提供更精准的数据服务、更舒适的人性体验。

第二，建立起基于服务模式的应用场景，将业务架构和技术体系结合起来，解决服务的灵活性和场景的适配性，形成相互依赖、满足应用场景的创新和扩展。

第三，通过技术创新为应用场景提供高科技的支撑，将音视频、声光色、空间地理维度等要素进行融合，满足场景更加智能、联动，舒适的要求，为用户提供不同个性化的体验和服务。

（3）模式融合。新时期业务的应用场景越来越丰富多彩，在为用户带来了更好体验和更佳服务的同时，也产生了许多服务模式。这些模式承载着分类聚集、智能响应、高度灵活和快速反应的特征。模式融合要求信息化建设的参与者使用好业务模式、运营模式和商业模式，满足场景人性化、模式简洁化、需求层次多样化、用户群体精准化的应用要求，具体来说：

第一，通过业务模式对各种应用场景实现服务组件化，以满足不同应用的快速组装、动态响应、灵活适配的变化要求，实现业务的扩充和应用的扩展。

第二，通过运营模式借助业务体系基础框架进行业务运行，价值营销的管理，为用户提供优质服务，为平台创造业务价值。随着微服务模式在信息化建设中的广泛使用，以租户管理为代表的运营模式已经深入人心。

第三，商业模式就是以互联网思维为基础，将业务场景与服务价值结合起来，满足服务模式的多场景和跨界互联，成就商业价值的需要，当前典型的商业模式有产品即场景、分享即获取、跨界即连接、流行即流量等。

3. 协作共享

在全球化背景下，信息化的建设需要社会化的协作，生态化的共享，随着新技术、新场景、新模式的广泛应用，催生出了许多新型的协作形式，如扁平型、虚拟型、松散型和敏捷型等，这些协作形式正在改变着信息化建设的团队组织。协作共享新特点是一种组织方向，它有效地屏蔽了地域限制，文化差异，拓宽了来源渠道，实现了优势互补和有效合作，新时期信息化建设需要选择合适的协作形式、采用有效的协作机制、建立和谐的协作氛围，来满足更有组织、更加熟练、开销更少、效果更好的团队要求。

协作共享新特点的内容如下：

（1）协作形式。选择合适的协作形式，有利于减少沟通层级、提升沟通效率，降低协作成本，增强协作能力。

第一，扁平型协作，减少管理层次，增加管理幅度，使组织变得灵活、敏捷，人员变得机动、富有柔性和创造性。

第二，虚拟型协作，摆脱地域、空间的束缚，利用资源的优势，使选择的范围更广，选择的面更宽，共享的经验和成果更多。

第三，松散型协作，对不同阶段、不同需求进行资源的弹性配置、动态灵活的投入和释放，达到资源利用的人性化和最优化。

第四，敏捷型协作，对交付结果聚焦，强调更加高效、更加专注，在信息化建设过程中倡导主观能动性，降低同外界的依赖和影响。

（2）协作机制。采用有效的协作机制，建立起标准、顺畅、便捷的协作流程、协作渠道和协作平台，以满足团队的过程管理和量化管理。

第一，建立起去繁就简、责权清晰、标准规范的协作过程，满足成员快速适应、高效沟通的需要。

第二，建立起更顺畅、更标准的协作渠道，打破组织之间固有权力约束，形成基于快速交付的扁平型、敏捷型的协作组织，满足快速推进、技术创新、业务发展的需要。

第三，搭建更共享、便于流转和管理的协作平台，形成面向服务、面向资源的平台化和智能化，满足社会化专业分工、生态化全球合作的需要。

（3）协作氛围。建立和谐的协作氛围，将知识结构优势、人员素质优势进行联合，在信息化建设过程中，形成尊重人性、注重分享、崇尚情怀的协作氛围，并作为团队组织的价值观和行为指南。

第一，尊重人性就是以人为本，尊重每一个人，理解彼此的需要，让大家感受到团队的温暖，把人的积极性、能动性调动起来。

第二，注重分享就是彼此总结和交流自己的心得和经验，做到取长补短、吸取精华、共同成长，充分利用各自的成果，提升工作的效率和效果，提升团队的核心竞争力、最大化生产力。

第三，崇尚情怀就是将情感和信念融入日常的工作中将成就用户满意度作为自己的快乐和期望。对待交付任务积极主动，负责把每件工作按时做完、做好，对待交付质量严格按照标准和要求，做到极致、精益求精。

4. 文化赋能

如今，无论是企业还是国家，都是以软实力作为发展后盾的，信息化的发展也不例外。信息化发展的软实力，不仅要具备完成信息化建设的能力和品质，而且更要具备实现信息化建设的氛围和行动。文化赋能就是通过文化驱动将参与者的素质、职业与能力结合起来，凝聚成信息化建设的共性文化，形成自驱力，起到凝聚人心、激发活力、倍增利润、品牌升级的作用。

以职业技能、职业行为、职业道德和职业知识为主体的职业素养，可以让每一位成员的人格魅力、技能修养和知识品位都得到提升，为信息化建设赋能，为目标服务。以学习氛围、工作氛围和生活氛围为主体的氛围素养，可以最大限度地统一意志、规范行为、凝聚力量，为信息化建设赋能，为价值服务。文化赋能新特点不仅是三观的引导与传递，更是推动当前信息化建设与发展的软实力，具体来说：

（1）营造匠心文化，就是将匠心精神融入信息化建设的各个过程中，让每个人都能各尽其才，对工作执着、对交付负责。匠心文化赋能表现在追求细心和耐心、专注和专业，对个人创作力、团队品牌力赋能。

（2）建立共享文化，就是将共享开放根植于信息化建设的各个环节之中，做到人员资源池共享、技术社区式共享、成果中心化共享，实现任务开放、过程透明、结果量化。共享文化赋能表现为共享产生价值、开放获得价值、协作成就价值，通过彼此相互渗透、吸取、借鉴、成就，对交付的效果、交付的效率赋能。

（3）倡导信用文化，就是将坦诚守信自律到信息化建设的各个人员之间，发挥以信用为价值内核的契约关系。既要树立与守信相关的道德风俗、价值观等非正式约束，又要树立与坦诚相关的服务意识、责任意识。信用文化赋能表现为坚信合作的力量和达到目标的信心，是团队成员彼此之间相互信任、友好合作，共同对最终交付结果负责的行动纽带，对个人职业素养、团队文化合力赋能。

信息化建设已经成为经济社会发展的强大动力，各行各业的信息化程度正在以前所未有的速度走向新的历史高度。当前信息化建设所呈现出的快速交付、深度融合、协作共享、文化赋能的新特点，在改善民生、方便生活、产生收益、促进发展的同时，也正在被越来越多的建设者所关注、使用者所期待。领会和运用好这些新特点，对提升当前信息化建设水平具有指导意义和专业价值。

（二）图书馆信息化建设

如今信息化技术飞速发展，对促进图书馆加快改革进程带来了积极作用。将信息化技术引入到图书馆的建设中，改变了图书馆以往以人工为主的操作模式，使图书馆变得更加智能化。应用信息技术既可以为图书馆带来更有效的方式和渠道来获取更具实效性的信息，还可以对图书馆内信息资源的结构进行调整，通过网络平台，图书馆可以更加快捷地保存资源。如今，图书馆主要是借助于网络平台来开展信息化管理工作，服务理念发生很大改变，服务功能更加多样化，数字图书在图书馆内的发展为读者查找资源带来了便利，提高了查找的效率。与此同时，应用信息化管理可以有效提供管理工作的质量与效率，例如图书馆可以将预约和推荐图书的活动放在网站上，为读者提供更多的便利。

第一，使图书馆的全球化服务进程不断加快。图书馆将网络技术运用到了管理工作当中，进一步扩大了图书馆的功能，推动图书馆实现对外开放的目标。从某种程度上来说，要共享资源，就需要充分利用网络，它不仅可以增加图书馆的服务功能，还可以加快服务全球化的进程。在交流文化的同时，各国也对图书馆资源进行了共享与整合，其中最典型的合作案例有：美国对数字图书馆所实施的信息化管理工作、我国所开展的将汉语和计算机结合在一起的相关研究。

第二，转变了人们的思想观念。以往，图书馆所有的操作都是由人工完成，如今在网络技术的帮助下，图书馆走上了自动化管理的道路，步入了现代化进程，并且不再受时间与空间的限制。图书馆馆员在网络技术的影响下，工作、服务、管理以及价值等方面的观念都与以往产生了很大的不同，这种变化也会进一步促进图书馆实现信息化的目标。

第三，提高了图书馆管理人员的管理水平。以往图书馆中所使用的传统的管理模式已经不再适用于现代化图书馆的管理工作，管理人员的素质也需要进一步提高，要提高信息化图书馆的管理工作质量，就需要建立一支高素质的管理人员队伍。管理人员需要充分认识到图书馆一直以来为公众服务的理念，将该理念作为指导思想，努力提升自己，加强专业知识、管理知识以及计算机知识的学习，并将计算机技术运用到管理工作当中，借助于计算机的优势来提高自身的管理水平。

第四，实现了资源的共享。如今信息化技术在图书馆中得到了积极运用，它本身有着很大的优势，不仅可以有效减少图书馆之间合作的成本，还能够为图书馆和其他机构建立合作关系提供机会，为实现资源共享提供了无限可能。

第五，使图书馆的工作流程及人员组织发生了巨大转变。图书馆信息化建设能够显著提高图书馆组织机构的工作效率。在信息化的时代背景下，图书馆传统运营方式显然已经落后于当今社会快节奏、高效率的发展步伐。因此，为了满足人们对美好生活的向往，图书馆有必要对现有的组织机构以及管理体制进行信息化变革。目前总的来说图书馆信息化建设工作主要有三种形式：①转变图书馆馆藏重心，对业务部门进行整顿重组；②加强对自动化系统中心的管理和维护工作，充分保障图书馆服务的高度信息化；③提高图书馆的服务品质，以为用户提供高品质的信息化服务为最终目标。

三、图书馆管理信息化建设的创新策略

（一）更新图书馆管理思想

在信息时代，要想让图书馆快速发展，更好地提供服务、满足人们需求，就应当从管理人员的思想认识入手，完善他们的认知。更新管理思想，具体内容如下：

1. 争取馆内上层领导重视

为了加快和推进图书馆信息化建设，建议领导转变观念，重新审视图书馆的地位和作用，认识到图书馆信息化建设对于现代化建设发展的重要作用。图书馆应当积极秉承信息化建设意识，认清信息化建设的重要性，给予图书馆信息化建设工作以大力支持。

建议图书馆领导准确把控信息化意识对信息化建设的阻碍作用，增强对信息化意识的重视程度，以身作则，发挥干部引领作用，把馆员的信息化意识状态放到重要位置，实行全员参与信息化建设工作制度，加大图书馆馆员信息化的培训与学习力度，让所有馆员在图书馆的信息化建设进程中大胆思考，勇敢提出自己的观点和想法，提升图书馆员的整体信息化意识。

2. 加强馆员自身学习

加强图书馆馆员自身学习，改变以往的观念和意识，深刻认识到信息化时代所赋予自己的要求与职责，摒弃传统思想观念，与时俱进。积极参与单位组织的信息化培训与学习，在工作中争取掌握先进的信息技术与技能，充分感受信息化的魅力。

图书馆馆员需要认识到信息化意识对自身职业发展的促进作用，可以通过网络资料、视频等方式去尝试学习新兴的信息化技术与专业知识，做到馆内所有的现代化设备仪器都会熟练操作，并争取对先进设备的工作原理做到有所了解，在需要时可以向图书馆的技术支持中心的同事学习和请教。同时，图书馆员应该从根本上树立信息化意识和服务意识，并积极学习国内外先进的图书馆信息化建设的先进理念，并树立大数据时代信息咨询的主导意识，贯彻以人为本，变革传统信息咨询当中用户提问的手段，变革传统信息咨询当中用户提问的手段，促使图书馆为读者提供人性化的服务。

（二）完善基础设施建设

加大对图书馆的建设经费投入，对图书馆进行信息化建设需要的先进设备进行资金上的大力支持。由于学校图书馆信息化工作需要持久的投资，需要充足的资金作为经济基础，图书馆在自身的信息化建设工作中，应当在完善基础设施的过程中合理地分配资金，保证图书馆信息化构建的有关硬件设备和软件设备得到同时提升，同时结合现实状况进行有效的更新换代，确保信息化建设拥有长期稳定的资金投入，使得图书馆的信息化水平得到全方位提升。

1. 完善硬件设施的建设

服务人性化理论要求图书馆在信息化建设工作中，以读者用户的需求为出发点，提供人性化的基础设施。图书馆需要完善公共区域遥控器、计算机、自助设备等硬件设施。

（1）增加遥控器的数量，并在固定区域配置收纳容器，读者在需要时自取，用完再放回原处，这样读者在需要时就不必再去服务台进行登记借用和还回操作。

（2）增加图书馆的自助借还机、自助文印机、自助导航等自助设备的配置，特别是在书库的楼层需要摆放一定数量的自助借还机，方便读者就近选择使用，避免读者带着沉重的图书到别的楼层去找自助机进行借还。总之，只有完善图书馆的整体硬件设施建设，才能提高读者的服务效率和使用感受。

2. 完善软件设施的建设

人本管理理论要求图书馆坚持以人为本的服务理念，在重视读者切身感受的同时，更应该把图书馆馆员的工作需求列为工作的关键部分。不断健全图书馆自动化办公软件的功能，全面了解图书馆工作人员使用中出现的问题，积极对接软件工程师，反馈工作中的使用需求，最大力度地开发符合实际情况的图书馆管理软件，提高工作和管理效率。

图书馆可以设置座位预约系统、空间预约系统等软件的管理与跟踪，及时发现系统的突发故障，并配合工程师进行系统的完善与升级，最大限度地为读者减少因为软件出现问题导致纠纷的事件发生。

（三）完善图书馆管理制度与体系

1. 完善图书馆管理制度

管理制度对于图书馆是必不可少的，在信息时代，管理制度应当本着为信息技术创造便捷的使用环境为准则进行制定和完善，以简化服务、优化服务体验为原则，在保留传统图书馆管理模式的基础上，进行信息化的管理制度完善。

图书馆还应当围绕信息系统明确奖惩制度，对于那些违反规章制度的工作人员进行适当处罚，对那些表现优异的工作人员进行奖励。管理制度还要对信息技术相关工作人员形成良好约束，如规定技术人员定期对系统进行维护，让系统运行更加高效，及时修补系统漏洞，让系统更加安全等。管理制度对于提升工作人员的自觉性有非常积极的作用。

2. 建立功能强大的图书馆管理系统

如今图书馆规模越来越大，内部提供的服务种类越来越多，要想让不同工作的质量都能得到保障，图书馆应当建立完整的管理系统，让系统中尽量包含多样的图书馆服务内容，为读者提供更为便捷的途径。

管理系统中应当通过和数据库进行连接将图书有关信息以人性化界面方式为读者展示出来，并通过特定的接口实现对图书当前状态的查阅，方便读者进行借阅。为了优化读者使用系统的体验，管理系统还应当进行模块的细分，除图书查询、借阅模块之外，还可以为读者提供餐饮等服务模块，为读者提供更加多样的选择。

3. 建立图书馆安全防护体系

当前，人们对于隐私信息的保护越来越重视，图书馆在借助信息技术实现服务质量和效率提升的同时，应当注意做好系统内部数据的防护工作，能降低重要信息泄露的风险。

网络越来越发达，图书馆为实现健康发展，就必须要通过管理系统及时排查隐患，对系统存在的不完善之处进行弥补。同时，针对内部工作人员的防范也是必要的。图书馆应当根据工作人员的身份进行识别，确定其权限，让他们在自己对应的岗位职责范围内进行操作，避免一些误操作给信息安全造成影响。

(四) 加强图书馆的人才培养

人才对于图书馆来说至关重要，也是各种工作开展的基础。图书馆在信息化建设过程中，应当注重人才培养，通过科学的培养体系，让人才的信息化素养得到提升，让全体员工都能在信息技术的影响下，提升工作质量和效率，推动图书馆健康发展。

图书馆要针对系统维护的相关技术人员进行严格要求，让他们积极学习，掌握更为先进的技术，对系统进行升级，更加充分发挥系统的作用。此外，图书馆在培养人才的过程中还要确立相应的考核标准，通过考核来对工作人员进行评判，推动他们弥补自身欠缺，提升工作能力。不仅如此，人才培养还包括提升他们的思想认识，让其认识到图书馆工作对于严谨性的要求，以便让他们在日常工作中约束自己的行为，提升工作质量。

(五) 提供多元化的服务

信息技术的应用为图书馆提供多元化的服务创造了更好的条件，而且多元化的服务也是未来图书馆发展的必然趋势。餐饮、展览甚至娱乐服务能够吸引更多的读者，同时还能通过多元化的服务实现收益的提升，对图书馆未来的管理也会产生积极作用。

对于信息技术支持的多元化服务来说，依托于互联网实现信息的推广是必不可少的。

图书馆可以通过 APP 来达到更好的宣传效果，让信息的覆盖范围更加广泛。

（六）推动图书馆管理更加人性化

图书馆的管理内容较多，不光包括对图书的管理，还包括人员管理等多项内容。要想让图书馆的管理质量得到提升，不光要让信息化的管理覆盖更多内容，还要提升信息化管理的人性化水平，打破传统管理模式的束缚，让信息化的管理真正成为图书馆发展的动力。

在对图书进行管理过程中，信息化的管理模式需要先将海量的图书信息进行录入，存储在数据库中，然后读者在查阅的时候就可以根据关键词来了解某一本书的当前状态。人性化的管理不仅要实现网络查阅功能，还需要将和书有关的关键信息展现出来。具体来说，图书馆可以在存储书目词条的过程中，通过对数据库进行升级，增加存储字段的形式，将图书目录也存储进去。这样，读者在查阅图书的时候，不光可以看到该书当前的借阅状态，还可以通过网络浏览该书目录，对书中的内容形成初步了解，使图书馆提供的服务更加人性化，有助于改善读者的借阅体验。

第二节　新媒体视角下的图书馆管理创新

新媒体是一种利用数字化技术、互联网等渠道进行传播的，以电脑、手机等数字化终端向用户传递信息和服务的一种媒体形态。"新媒体是信息技术发展的产物，是当今社会便捷学习工作模式的支撑，是信息获取与交互的媒介，也不断促使新的管理模式及服务理念形成和完善。"[①]

新媒体中的新是与传统媒体相对应的，传统媒体往往是以电视、广播、报纸等媒介为主，而新媒体则更多是以数字化信息设备为主。新媒体的出现和普及，让人们的阅读方式、阅读习惯和阅读口味都发生了巨大变化，这对图书馆发展也提出了全新的发展要求。从这个角度来看，不断创新图书馆管理思路、途径和发展模式，对于更好地发挥图书馆的独特作用，推动图书馆发展进入新阶段具有十分重要的意义。

一、新媒体的基本认知

（一）新媒体的内涵

对于新媒体不同观察视角决定了新媒体定义的界定维度。

---

① 孙志梅：《新媒体赋能新阅读——评〈新媒体时代图书馆管理与服务研究〉》，载《传媒》2021 年 22 期，第 102 页。

第一，从时间范畴看，新媒体的"新"与"旧"是相对且不断变化的，每个时代都有其所谓的新媒体，每一种新媒体也都终将成为旧媒体，就如同广播相对于报纸是新媒体，电视相对于广播是新媒体，网络相对于电视是新媒体。在时间的维度上层层涌出，不断更新，当受众还在庆幸印刷赋予时间永恒时，电视的出现就让信息内容转瞬即逝。

第二，从技术范畴要求看，新媒体是以数字技术、通信网技术、互联网技术和移动传播技术为基础，为公众提供资讯、内容和服务的新兴媒体。在早期联合国教科文组织给新媒体的定义是"新媒体即网络媒体"。以互联网为代表的技术是必要的，这是新媒体依托的基础。但也并不能说以互联网为平台，具有互动性、数字化的媒体就一定是新媒体。媒体的"新"与"旧"是相对的且不断更新的，"第四媒体"或"第五媒体"都是针对当下技术的新媒体，而新媒体还在马不停蹄地跨进，新媒体所依托的技术将持续快速发展，谁也无从预测在互联网技术下之后又会有何等技术样态的"新媒体"问世。

传播学认为，大众传播媒体有四大传播功能，即监测、协调、文化传承和娱乐，新媒体作为新世纪的大众传播媒体同样具有以上四大功能。然而，除此之外，新媒体还具有其他的重要功能，这些功能是传统媒体所不具备的。换句话说，新媒体不只是媒体，更是平台。因为，在新媒体之上，我们除了监测社会发展动态、获取信息、享受娱乐和与人交往之外，还可以旅行预订、购物支付、打车、叫外卖、理财炒股等。所以，新媒体既是传播平台，也是经营平台，同时还是人们的工作、生活、社交平台。

因此，平台的概念是远远大于媒体的概念的。人们日常生活中不可或缺的智能手机，是一个综合性的平台。因此，对新媒体的理解，我们不能只将其局限于媒体，而要进一步延展至平台的层面。可以确定的是，随着云计算、物联网和大数据的发展，未来媒体的平台功能和属性必将更加凸显。

(二) 新媒体的特征

第一，科技含量高。新媒体是以互联网、数字化技术为基础的媒体形态，与传统媒体相比，其本身的科技含量更高，所能传递出来的艺术形式也更加宽泛。

第二，呈现方式多样。由于新媒体的载体大多数是以数字化设备为主，智能化、数字化的载体使得其本身具备极强的展现能力。通过将多种不同的技术融入设备之中，便于更好地对信息进行有效、全面性的传递。

第三，传播速度快。互联网技术本身具有极强的信息传播功能，借助互联网技术发展起来的新媒体，在传播信息的过程中的速度变得更快，信息所能覆盖的面积也变得更加宽泛。

（三）新媒体的形态

媒介形态研究一直是媒介研究的一个重要取向。伴随着网络与数字技术的快速发展，新媒体的形态也日益丰富多彩，甚至不同形态的新媒体之间出现了交叉与融合的现象，媒体形态的界限也逐渐模糊。因此，对新媒体形态划分采取的是一种较为普遍和易于接受的划分。

1. 网络媒体形态

网络媒体是最早出现同时也是最重要的新媒体形态，主要包括以下两种类型：

（1）原生的网络新媒体，目前主要包括门户网站、搜索引擎、即时通信、网络社区、网络视频、网络游戏、博客、微博等。从功能上讲，它们扮演着信息传播、信息搜索、娱乐、社交等多种功能，并且出现网络媒体形态功能融合性的发展趋势，即某一网络媒体同时具备多种媒介功能。如门户网站腾讯网，除了是一个综合性的信息传播平台，还开发了电商交易。

（2）上网媒体。即将传统媒体的内容照搬和移植到互联网上，如早期的网络报纸、网络广播和网络电视。不过，发展到后来，由于充分理解和吸收了新媒体的特点，这些"上网媒体"改变了早期简单复制的模式，因此，我们也将其纳入网络媒体的范畴。

2. 移动媒体形态

移动媒体在广义上是指用户使用手机、平板电脑、掌上电脑等数字移动终端，通过移动网络获取移动通信网络服务和互联网服务。手机媒体是移动媒体的主流媒体，"截至2021年12月，我国手机网民规模为10.29亿，预计2027年我国手机网民数量将达到13亿人左右"。[①] 手机上网主导地位将进一步得到强化。

可穿戴设备是新兴的移动媒体。可穿戴设备是指直接穿在身上，或是整合到用户的衣服或配件的一种便携式设备。作为一种媒体，它不仅是一种硬件设备，更是通过软件支持以及数据交互、云端交互来实现强大的功能。可穿戴设备最直接的意义是解放了人类的双手，人与媒体的互动可以通过手动之外的语音命令、体感操作甚至眼睛眨动等方式进行。可以预见，可穿戴设备将对人类的感知模式产生前所未有的影响。可穿戴设备的另一个重要价值则在于对人类身体数据的实时监测与记录，从而构建"个人生态信息系统"，这将对维护人类的生命健康起到不可低估的作用。

3. 数字化媒体形态

数字化媒体是指传统媒体通过数字化转型、改造和升级后形成的媒体。由于经过数字

---

① 腾讯网. 2022 年中国互联网行业市场现状及发展趋势分析 预计未来手机端接入用户数量将进一步增长【组图】，2022.

化变革之后，这些传统媒体生成和具备了新媒体的基本特质——数字化和互动性，所以，我们也将之纳入新媒体的范畴。在媒体行业大军中，数字化媒体是新媒体形态的重要构成方式，基本包括数字化报刊、数字化广播和数字化电视。

以数字化电视为例，数字化电视是传统电视数字化与网络化转型的结果。数字化电视媒体代表了传统电视媒体在互联网技术和数字技术冲击之下的积极探索与转变，作为电视的新型发展形式，数字化电视媒体是以电视机为接收终端，向用户提供高质量、多媒体视听节目的平台。较之于传统电视，数字化电视更具互动性；同时，其在功能上也超越了单纯的媒体功能，而是向多功能的家庭生活信息平台转变，用户在数字化电视媒体上不仅可以自由点播观看节目，也可以查找房价、医疗等生活信息，还可以进行订票、购物以及炒股等操作。

二、新媒体背景下读者阅读习惯的改变

新媒体给人们日常生活带来了极大的影响，从阅读的角度上看，传统的纸质版书籍尽管依然存在，但更多的人们会选择通过新媒体的方式开展更加便捷的阅读活动。新媒体背景下读者阅读习惯转变主要表现在如下：

第一，阅读媒介的数字化。在新媒体环境下，随着互联网技术的快速发展，阅读媒介逐渐出现了较强数字化的倾向，除了电子文本之外，电子书、有声读物等数字化阅读媒介不断涌现，不仅满足了人们碎片化阅读的现实需求，也让阅读媒介的存储、使用、剪辑等方面变得更加便捷和丰富，读者的阅读体验也会大大增强。

第二，阅读载体的网络化。在新媒体环境下，人们的阅读载体更多呈现的是网络化方式，人们依托互联网或者手机终端，就可以在网络上浏览自己需要的文献资料，缩短了人们查询资料的时间成本和空间成本，这也使得人们实施阅读的效率和质量不断提升。

第三，阅读方式的互动性。在新媒体背景下，读者和作者之间的沟通交流更加直观方便，依托手机、互联网等媒介，读者可以就自己的阅读体验、阅读中遇到的问题等随时跟作者进行交流，作者也可以根据读者的需要，对读者的阅读进行及时的指导，这让阅读方式更加体现出互动性的特点。

在新媒体时代，信息资源的熵值在迅速增加，读者对信息获取的需求越来越趋向精确、便捷和高效。为此，图书馆在充分开发自有资源的同时，更要充分调动馆员的主观能动性，提高图书馆整体的工作效能和服务空间，这就需要在组织结构、管理方法、人力资源、管理体制和管理思想等方面进行整合或重组，创新运作方式和管理手段，激发员工积极性，加强各部门间的合作联动，以提高服务效率和质量。

三、新媒体视角下图书馆管理创新的重要性及原则

(一) 新媒体视角下图书馆管理创新的重要性

第一，社会发展的必然要求。在新媒体时代，图书馆在管理工作上的创新要力图做到传统行业和现代技术的契合。图书馆在互联网快速发展的基础上，文字信息开始由传统的书本文字向数字信息和网络信息的方向发展，原来对文字信息的收集和整合的模式已经无法适应社会发展的需要，图书馆应充分利用先进的科学技术对数据进行存储和整理，实现共享的目的。全新的时代要求图书馆做到与时俱进、开拓创新，用全新的管理模式增强图书馆的生命力和竞争力。

第二，这是图书馆自身发展的内在需求。要想在现代化的社会里谋求更高层次的发展，就必须在管理工作中取得创新，让创新的理念引导图书馆的管理工作，理念结合实际，让读者在新媒体环境下享受更好的服务，满足他们更多的知识需求。图书馆在对管理理念及模式进行创新和改革，对管理体制进行严格规范的同时，还应注重对文献资源的建设。只有这样双管齐下，才能为广大受众提供更加优质的服务和海量的信息资源，促进图书馆进一步发展。

(二) 新媒体视角下图书馆管理创新的原则

第一，系统性的原则。系统性原则是图书馆在管理工作中进行创新改革必须首先遵循的，坚持统筹兼顾、协调发展，从整体出发，着眼于长远利益，力图让管理工作的创新成果实现最高的价值。因为联系的普遍存在，图书馆在管理工作中的创新与改革也与其他部门的工作有着密切联系，这也从另一个方面说明系统性原则的重要性。在对管理模式进行调整时要注意均衡内外环境，让馆内与馆外和谐并进，共同为图书馆的现代化做出应有的贡献。

第二，"以人为本"的原则。坚持"以人为本"的原则，不仅要从读者的需求出发，实事求是地为读者提供优质、人性化的服务，提升图书馆的服务标准，还要加强对管理人员的要求和管理，只有管理人员恪守管理规则，用创新的理念对待图书馆的管理工作，才能实现图书馆在新媒体时代下的管理创新。

四、新媒体视角下图书馆管理的创新策略

(一) 树立价值理念，坚持"以人为本"的管理模式

实现管理观念和管理模式的创新，是图书馆管理工作创新的重中之重，用与时代接轨的全新观念，改变图书馆陈旧落后的管理观念要注意做到以下两点：①树立时代感的意

识，认清图书馆的重要作用，调整工作目标；②让自己的人生观和价值观在图书馆的创新改革中得到升华，树立资源共享的价值理念。

在创新与改革管理模式中，图书馆应顺应时代的潮流，坚持对外开放，用"以人为本"读者为重、全心全意为读者服务的管理模式，扩大图书馆对广大受众的影响力，尽量满足每个有知识需求的人，最大限度地利用馆内资源，提高利用率，用多层次、多样性、多学科的图书资源实现开放式、全方位的管理模式，从而推动图书馆朝着现代化的方向快速发展。除此之外，工作人员在工作时应充分利用现代高科技技术，建立网络化的虚拟馆藏，满足人们网上的知识需求。

（二）引进功能完善的管理技术

技术创新是新媒体时代下图书馆管理工作的核心，也是实现人性化、信息化、现代化管理不可缺少的重要组成部分。

第一，要把技术先进、功能完善的管理系统引进到图书馆中，相关负责人要依据图书馆的实际需要有目的地对管理系统进行运用，把先进的多媒体网络技术填充到日常的管理工作中，在服务上实现现代化、全面化。

第二，构建良好的软硬件平台，用高效快速的检索系统提升工作质量，充分发挥数据库的作用，建立图书馆现代管理体系的数据库模式，力争实现图书馆网络资源共享和管理业务重组的目标。用创新、个性、主动的服务理念改变过去陈旧、被动的服务，在服务理念上做到创新，恪守"以人为本"的原则，时刻牢记为读者服务的基本理念。

（三）健全公平科学的管理制度

图书馆要在新媒体时代的背景下做到管理工作的创新，就必须有现代化的管理制度，一个健全的管理制度是创新的基本要素，用合理的管理流程对馆员的日常工作进行规范，树立人性化、为读者服务的意识，才能让受众切实享受到管理创新带来的便利。

图书馆在制定管理制度时要坚持"以人为本"和公平性原则，做好打持久战的准备，其过程将相当漫长和复杂，不仅要用现代化的网络技术建立与时俱进的管理机制，还要随时掌握市场动态，了解读者的市场需求，用完善的管理机制和熟练的业务流程为读者提供更好的服务。

（四）完善人才队伍的管理方式

管理人员的业务能力和综合素质，在一定程度上影响着图书管理效率的实现，也制约着服务水平的高低。

新媒体时代的背景下，管理人员应把提升自我作为标准，努力学习先进的计算机技术和网络基础知识，提高自己在网络环境下对图书外借和检索的操作能力，让自己的业务能力和服务水平有所提高。图书馆还应积极为管理人员提供不定时的业务培训，实现管理队伍的职业化、技能化和专业化，完善用人制度，招聘优秀的管理人员，建立公平合理的奖惩制度，调动管理人员的工作积极性，做到人尽其才，尽最大可能促进管理人员的业务和服务水平向更高的台阶迈进。

第三节 图书馆数字化管理模式及创新优化

一、图书馆数字化的高质量发展依据

图书馆作为文化信息的存储、交流和传播机构，在国家文化数字化战略的布局中具有重要功能。从国家层面实施文化数字化战略统筹，为实现文化资源、文化生产、文化传播数字化提供了基础设施、产业生态和治理机制的方向指引。建设线上线下融合互动、立体覆盖的文化服务供给体系，以及建成国家文化大数据体系的核心目标，既是图书馆作为文化传承机构的职能所在，也是其顺应文化数字化趋势重塑资源价值、社会定位和服务形态的新机遇。

文化数字化战略实施于价值互联网的雏形期，有望顺应这一信息技术和信息生成模式的变革，实现文化内容数字化、数字内容资产化和文化权益自由化，借助区块链等技术实现文化资源、生产和传播的数字化，形成国家监管、国企主导的文化专网。图书馆可以抓住机遇，在长期的数字资源积累基础上，图书馆可以抓住机遇，在长期的数字资源积累基础上，借助数字藏品生成元宇宙通行证①，作为图书馆元宇宙②的重要逻辑起点；进而探索在文化数字化战略中，以"书—人—用"的功能根基，开拓图书馆知识交流与空间应用的创新局面。若能多方合力形成新的机制，图书馆元宇宙可望在国家文化数字化战略和治理中发挥重要作用，促成并维护国家文化繁荣。

（一）守正创新，探索资源和价值重塑

现在正处于元宇宙概念与数字藏品兴起的时代，统筹推进国家文化大数据体系、全国

---

① 元宇宙通行证是支撑其中经济体系的核心要素，通过数字资产确权和价值衡量，实现元宇宙中的交易流通和价值转移。NFT 是元宇宙重要底层设施。元宇宙通行证是在区块链技术支持下的加密数字凭证，用以记录艺术品或收藏品等虚拟数字资产的所有权，具有独一无二、不可替代、不可分割、可编程性、可追溯性、永久保存等特点。基于以上属性，元宇宙通行证能够实现数字资产版权确权、赋能数字资产交易流转，并为用户提供收藏性、投资性与功能性等多种消费价值，构成元宇宙经济体系重要底层设施。

② 图书馆元宇宙是图书馆与元宇宙理论融合的目标和落脚点，全面感知图书馆人、机、物、环境等要素及其彼此之间关联与关系，实现图书馆物理世界与元宇宙空间的有效衔接。

智慧图书馆体系和公共文化云建设，增强公共文化数字内容的供给能力，提升公共文化服务数字化水平，为图书馆盘活其馆藏资源，创新和增加数字文化内容，创新文化资源提供了指引。

1. 资源再生，藏用结合

文化数字化的核心是传承优秀文化，承接这一内核，图书馆可以参与塑造传统藏品的数字资产功能，以"数字藏品"创新馆藏资源的生产、传播和利用方式。

作为文化存储、传播的载体之一，图书馆具有丰富的古籍、非物质文化遗产、历史图片、电影资料、地方志、民族民间文艺等资源。以数字藏品形式将区块链技术等应用于图书馆资源的数字资产化，在保留原始资源所有权的基础上，可实现馆藏资源的价值多样化，推动文化以新的形式传承、收藏和使用。此类数字藏品既有区块链对其所有权和流通溯源的保障，也具有唯一性和不可分割性，可实现图书馆在保留原始权限基础上的馆藏利用与开发。国家图书馆发布的"诗词中的国家图书馆"数字藏品，借助文化资源和品牌标志，打造了具有中华文化元素的数字藏品，实现了诗词类文化的数字化生产和传播。

2. 数媒引领，传统新兴

实现中华文化全景呈现，图书馆数字藏品以数字化形式，实现中国文化元素和标志融入内容创作生产、创意设计等文化产业之中。在人类社会生活向线上迁移的过程中，数字文化消费的新场景，也为图书馆参与到文化产业生态之中提供了契机。

图书馆在这一背景下，可重新审视其所藏资源的价值空间，在强化公共资源数字化服务的同时，进入文化数字化产业生态之中。同时，以图书馆自身对信息的组织、整理、索引等长期技术积累，形成规范化的数字藏品信息库，实现对传统文化的再组织和新传播。

3. 角色重塑，链基融通

区块链是数字藏品的技术基础，可通过这一技术实现去中心化的文化资源数据存储、传输、交易以及数字内容分发。我们要统筹利用文化领域已建或在建数字化工程和数据库所形成的成果，关联形成中华文化数据库。图书馆可借助区块链技术，通过智能合约实现用户自主生产信息的数据验证、共享、计算、存储等功能。同时，在与其他机构的资源共享中，可通过区块链在保障机构的资源权益的同时，实现跨组织资源在统一平台上的关联聚合。这一技术打破了文化数字化资源的确权瓶颈，图书馆依据此实现馆藏资源在文化专网平台的融合，强化图书馆作为文化基础设施、文化数据中心、文化交流和传播中心的角色。此外，数字藏品也将拓展出图书馆文化生产主体的新角色。

（二）转型升级，发挥元宇宙的价值

文化数字化战略的发展与社会信息生产流通一脉相承。Web3.0若成为信息生产和交

流的新动力，就突破了网站生成内容（Web1.0）和用户生成内容（Web2.0）时代的瓶颈，以区块链等技术实现作者赋权，从而完整实现信息创作的价值。

元宇宙作为数字化的未来，也为数字形态的文化提供了承载空间和交流平台。在打破知识存储、服务和交流的时空局限层面，图书馆元宇宙具有天然的生成优势。例如，元宇宙创造了新的空间构建形式、新的社会交往模式和新的信息交互方式等变革路径，可以融通图书馆"书—人—用"的理论基石，以书为代表的信息资源的数字化集成是图书馆存在的本质，其中数字内容和数字资产是其基础；以人为特征涵盖生物人、数智人、机器人的群体是图书馆元宇宙知识运作的枢纽；以信息交互和知识交流为特征的信息服务是图书馆社会价值的实现目标。在此基础上，就可以建构图书馆元宇宙的整体框架。

1. 注重图书馆元宇宙的内容和资产

集成全息呈现、数字孪生、多语言交互、高逼真、跨时空等新型体验技术，大力发展线上线下一体化、在线在场相结合的数字化文化新体验。图书馆元宇宙的建设首先实现的是内容的数字化，将图书馆的内容实现数字环境下的"孪生"，形成文化专网中的既存知识。新业态下如元书店、元书籍的出现，可为图书馆更新其馆藏资源，为元书籍提供应用空间奠定基础。图书馆通过数字孪生等技术将图书馆文化资产转变为数字资产，实现图书馆数字资产与社会数字资产的同频交映。最终在文化数字化生态中实现创作、分享和所有权的自由进展，图书馆元宇宙从而可为数字资产提供存储和宣传的平台，并探索实现跨越现实和虚拟世界的数字资产交换的桥梁角色。

2. 重视图书馆元宇宙的用户与服务

图书馆元宇宙可通过连接沉浸式学习环境、展览、讨论、会议和研讨会，提供图书馆员和虚拟人参与的图书馆元宇宙信息服务。图书馆元宇宙可使用增强现实技术实现生物人、数智人和机器人在虚拟空间的信息交互，目前已有场馆上线了虚拟人咨询服务。

随着虚拟数智人在图书馆的落地，可以在图书馆元宇宙中进行信息素养教育，帮助教育工作者和信息专家实现高质量的跨时空教育，作为对文化数字化平台的运行和服务的辅助支持。由于图书馆的存在是为了解决社会存在的某一部分人群没有办法便捷获取知识的难题，图书馆元宇宙可以进一步打造人人可及、无处不在的信息服务，实现无障碍的文化服务基础设施，降低用户的技术准入门槛，成为元宇宙中关于信息公平最后的守望者。

3. 打造沉浸式交互环境

以虚实交互技术为基础的信息交互模式将大幅增强图书馆中信息的交互频率和效率。

（1）图书馆元宇宙有望通过区块链等技术改变其系统性能，提高信息的可及性，降低技术障碍的影响。通过图书馆元宇宙的跨时空连接，实现各层级、各类别图书馆的公共资源共享服务，为图书馆形成新的发展和合作框架提供机遇，为知识资源的互借与流通创造全新机制。

（2）线上虚拟空间的打造和沉浸式交互环境，使得用户可以通过自身的虚拟形象进入图书馆元宇宙，与其他虚拟人、信息进行交互，在图书馆元宇宙中体验接近真实的感受，扩大知识发展和知识交流的规模，突破时间、空间、语言的障碍，获得极大的愉悦感和沉浸感。

（三）探索虚实交互的平衡发展

在实际的建设中，图书馆元宇宙需要构建基于"自主可控"的技术路径、"虚实融合"的应用场景以及"包容审慎"的治理道路。"数字孪生""增强现实"和"虚实交互"在集成数字化资源、交互和服务的同时，须重视技术产业链条中的国产化，从而为文化安全提供保障。在实现平台化、集成化和场景化的增值服务过程中，须关注"虚实融合"的图书馆元宇宙空间和服务，保障图书馆作为第三类公共空间的物理环境质量。在完善文化数字化的治理体系过程中，尽管当前存在安全漏洞以及潜在风险，但考虑到元宇宙实现知识沟通效率的核心价值，当前仍须以"包容审慎"的态度制定治理规则，实现创新和治理的平衡。

2022年6月5日，全国首个虚实交互综合性创新平台——元宇宙与虚实交互联合创新中心在上海正式成立。2021年—2025年期间，该中心的核心任务是研究和实验适合中国国情的数字经济与元宇宙发展路径，将"以人为本的目标、以虚强实的战略、包容审慎的态度、自主可控的产业、虚实交互的技术、敏捷治理的机制"作为元宇宙相关的数字经济新赛道发展核心策略，探索诞生于中国、与实体经济良性互动的元宇宙与数字空间构建新道路。目前，中心已举办多次系列论坛，包括在图书馆领域举办"天堂的具象：图书馆元宇宙的理想"线上论坛，聚焦图书馆这一元宇宙蓝海领域，与社会各界共同探讨元宇宙下图书馆未来发展新图景。

元宇宙成为社会与产业热点后，人们或狂热、或探索、或观望、或质疑、或抨击，像极了过去每一次社会的转型期。文化数字化有可能成为文化元宇宙化的一针强心剂，在产业、政策和资源等层面，大幅度加快文化元宇宙化的进度。我们需要为元宇宙的风险而忧虑，也要充分重视元宇宙对于知识交流及空间再造带来的根本性改变。在国家深入推进文化数字化战略和文化强国战略的过程中，不过度推波助澜，也不坐等错失机会。

二、图书馆数字化管理模式的创新优化措施

图书馆的资源结构、管理模式、数字化服务水平等是图书馆综合实力及整体形象的体

现。当前，数字化信息技术的跨越性发展，给图书馆带来了前所未有的机遇，同时更是严峻的考验和挑战。为了顺应时代、应对挑战，更好地服务读者，数字化图书馆应运而生。

（一）数字化图书馆的优势

数字图书馆主要运用现代信息技术，存储各种载体的文献资源，具备智能检索功能，操作便捷科学，可以跨越地域与时空界限，实现全球信息资源整合链接，使图书馆成为一个综合信息系统知识中心。这就从根本上改变了读者的阅读模式以及获取信息的方法，图书馆的服务模式也随之发生了根本性改变，主要有以下四个方面的优势：

1. 提供可视化服务

数字图书馆可以借助现代可视化技术，进一步改善读者的阅读体验。就当前的数字图书馆管理流程而言，需要进一步优化，并做好存在问题的评估工作，使系统不断完善。

可视化技术可以让图书的相关信息清晰地展示出来，满足读者的多种需求。当前，可以利用大数据技术的优越性，对相关的信息进行筛选研究，并利用可视化的技术将读者的浏览过程更加直观地呈现出来，让读者感受数字化图书馆可视化服务的优点，并为读者提供更加优质的服务。

2. 提供一站式检索服务

数字化图书馆需要在信息时代的大环境下，为读者的数据筛选提供更多便利，当前可以充分利用索引器拓展数字图书馆的功能。对于结构相对复杂的数据平台，管理技术人员可以通过提供一站式检索服务，改善读者的阅读体验，并做到有效节约人力资源，提升工作效率。

3. 实现信息资源优化配置

图书馆需要重视数据的汇集、共享以及开放工作，重视大数据的开发利用，全力打造"互联网+"图书馆。对此，图书馆要积极创设有效的大数据服务模式，逐步形成"图书馆+大数据+微服务"模式，积极搭建图书馆智慧平台。

利用该平台可以及时对近日到馆人数、借还书数据、活动预告、图书借阅排行等多种信息进行收集，从而帮助读者及时获取自身需要的资讯。当前，数字图书馆在城市核心区域可以实现通借通还，能够为该区域的读者提供更多的便利条件，开创"你阅读、我买单"模式。

打破传统图书馆模式，构建发挥读者主体作用的新型服务模式。具体是将图书的采买权交予读者，又可分为线上服务和线下服务。通过线上服务，读者可以利用微信公众号服务平台，或选择京东借书；线下可以选择与图书馆合作的实体书店。通过大力推行大数据服务模式创新，充分发挥现代信息技术和服务模式的优势，对于进一步提升图书馆的信息服务水平具有非常重要的现实意义。

4. 完善馆藏文献资源建设

在加快图书馆数字化建设工作的过程中，需要重视图书采访环节，从而进一步提升图书馆的个性化服务水平。图书采访就是借助采访方式，对不同层次、不同阶段的读者进行采访，主要获取的数据信息包括读者的阅读习惯、内容以及方式。通过对采访收集数据的进一步分析，可以更好了解读者的需求规律，图书馆可以根据分析结果制订采购计划，在满足读者需求的同时，还能有效控制成本，避免资金浪费。

（二）数字化图书馆管理的创新意义

1. 方便读者多样化信息需求

由于数字化技术的广泛应用，信息资源数据量巨大，数据类型多样丰富，查询选择获取资源方便快捷，改变了传统图书馆固定地点借阅的服务模式，读者可以对自己感兴趣的图片、视频、音频、地理位置等多类型、个性化的信息数据资源进行随时随地下载、阅读，这对于提升阅读服务质量，提高读者的阅读效率具有非常重要的意义。

2. 充分利用图书馆资源

在以往的图书馆管理工作中，主要是通过人工操作方式完成借阅、维护以及查询等，程序烦琐、费时费力且效率较低。因为图书馆通常情况下具有大量的图书资源，包括现代图书资源和古代的历史资源。通过数字化管理模式可以实现图书馆内部资料的有效流通，非常有利于提高图书馆的开架范围，利用现代技术可以将图书馆的纸质资源进行电子化处理，并在计算机网络数据平台中，为读者提供更加人性化的电子借阅服务。不仅可以进一步提升图书资源的利用率，还能突破时间和空间的限制，拓展图书的使用时间，为读者提供更加优质的服务。

3. 健全图书管理系统

数字化图书馆对信息资源的管理应当从收集、整理、保存到用户对资源的查阅、借取、归还，以及对信息资源和用户信息的监管都形成良好、有序的管理体系，保障资源完整，利于安全建设，让读者获得良好的借阅服务。

4. 丰富图书信息资源

在传统的图书馆建设中，不同区域的图书馆都具有自身的特色和特有图书资源。借助现代计算机技术，可以将纸质资源进行电子化处理，图书馆之间、区域之间通过资源共享，可以进一步丰富图书馆的信息资源，从而为更多的用户提供借阅服务。

总之，图书馆要根据自己的特点、发展方向建立特色图书馆藏并开发特色数据库，丰富图书馆的图书资源，建立图书馆联盟机制，完成资源共享，积极开展与各图书馆之间的服务交流模式，为读者阅读需求及教师学者的钻研需求提供更深层次的图书资源，更好地服务于广大民众。数字化图书馆建设方面要为读者提供可视化、一站式检索服务，实现信息资源优化配置，完善馆藏文献资源建设。针对数字化图书馆建设面临的资源管理模式落后、工作缺乏创新意识、部门间缺乏协调、少数工作人员素养不高、基础设施不完备等问题，应该重点加强管理服务机制创新，全面提升图书馆馆员的综合素养，从整体规划入手全面提升图书馆的信息化与智能化。

（三）数字化图书馆管理模式创新

1. 提升馆员的素质

在信息时代背景下，图书馆和管理人员都必须要紧跟时代发展变化，积极创新和优化。从目前的管理实际来说，若想提高管理水平，必须要加大管理队伍建设，推动管理创新，提高数字化图书馆管理水平。

在具体实践中，可以对图书馆工作人员定期或不定期进行专业知识技能培训，同时也要对他们进行必要的职业素养和知识素养培训，增强他们的实际操作能力，提高他们的道德修养，强化他们的服务意识。只有工作人员的综合素质提高了，才能更有效发挥图书馆自身作用，进一步推动数字图书馆更好地发展。

2. 创新管理服务机制

在图书馆管理和服务活动中，要确立以读者为本理念，使读者能够公平、自由、方便地利用和获取各种文献信息，平等享受各种服务，不应区别读者，实现图书馆是所有人都可以利用的服务宗旨。

以人为中心建立管理创新机制，建立完善有效的奖惩机制，指导工作人员树立全新的服务理念，想读者之所想。同时，要充分重视人力资源在图书馆工作中的作用，培养优秀的管理人员和服务人员，把真正具有创新精神的馆员安排在重要岗位，充分发挥他们的创造力，激发其工作热情，提升图书馆的内在发展动力。

3. 调整图书馆发展规划

在计算机、网络技术快速发展的信息化时代，人们对电子图书资源的需求量不断提升，传统纸质图书资源的借阅增长情况明显低于电子图书借阅量的增长。因此，图书馆要想在这种环境下更好地发展，需要积极创新管理理念，以读者需求为根本，积极开发符合读者需要的电子图书资源借阅平台，并逐步提升检索效率，为读者提供更人性化的借阅服务，从而进一步实现图书馆数字化模式。

4. 推进信息资源的数字化建设

随着数字化和网络信息技术的迅速发展，电子网络信息资源的开发与运用也成为数字化图书馆信息资源建设的重要组成部分。文献资源库的数字化建设是数字图书馆的重要基础和保障。

图书馆要重视数字资源的开发和利用，这需要投入足够的人力和财力，进行资源的搜集、汇聚、存储、制作工作，打造检索、发布及应用的一站式服务平台，形成图书馆数字资源矩阵，提高图书馆数字资源的全媒体构建率和分享率，实现服务的多角度、立体式和全方位。同时，还要不断更新管理工作人员的知识结构，提高他们的实际操作能力，提升其数字资源自建能力，做到积极主动地推动数字化图书馆信息资源建设，从而极大地提高图书馆的综合服务水平。

第四节　人本管理思想与图书馆管理创新实践

随着人们生活水平不断提升，其对于精神方面的需求不断提升，图书馆管理工作开始受到人们的高度重视。因此，为了能够更好地发挥出图书馆的实际价值，当前需要在准确分析实际管理中存在不足的基础上，制定出针对性的完善措施，将人本管理创新思想融入管理工作中。以此保证能够获得更好的管理效果，为提升图书馆自身的社会服务价值提供支持。

人本管理思想主要是基于人性化角度出发，将人性化的理念融入日常管理工作中，为各项管理工作的有效开展和落实提供支持。因此，为了确保图书馆管理工作能够更好地开展，当前需要分析实际管理中存在的不足，并且基于人本管理理念制定出创新管理工作的相关对策。通过将创新理念和手段融入管理工作中，为获得更好的管理效果提供支持。

一、人本管理思想的基本认识

人本管理主要是指以人为主体，在日常工作、服务和管理中，尊重"以人为本"思想，将关心人、理解人、尊重人融入管理中，满足人们对于图书馆服务的多种需求。该理念在图书馆管理中的体现，不仅仅包括为读者创造出符合读者要求的图书馆环境，同时也要求对馆员实施人性化管理，通过更加全面、科学、有效地管理，解决实际工作中存在的问题，创建出更加和谐的工作环境，提升馆员的工作积极性，使其能够将"读者至上"的理念真正落实在实际管理中，进而为读者提供温馨、和谐的读书环境，实现对图书馆社会服务功能的有效强化。

新时期背景下，人们对于精神文化的追求越来越重视，图书馆作为文化传播的一个重要场所，能够为人们提供非常丰富的信息、知识，将人本管理思想融入图书馆的创新管理中，能够为更好开展管理工作、提升服务质量提供一定支持。人本管理思想的特点主要可以总结为以下几点：

第一，人文化。即在实际的管理中，人文管理思想体现出非常强的包容性、开放性和灵活性，从社会保障、精神激励、物质奖励等方面，将图书馆管理工作的人文属性，非常明显地体现了出来。

第二，人性化。即通过情感管理、文化需求满足等方面，体现出了图书馆管理对于馆员的尊重和理解，并且重视拉近馆员与受众之间的距离，提升人员的使命感，确保人员能够更好地为受众提供服务。

第三，人本化。对于馆员自身的发展和个性化要求非常注重，使其能够积极的在实际工作中落实人本化服务本质，为图书馆的积极发展提供基础支持。

二、人本管理思想下图书馆管理的创新价值

（一）关注人的价值

人本管理思想主要是从人性化的角度，针对性地开展管理工作，通过不断提升馆员自身的思想意识，为读者创建出更加轻松、和谐的阅读氛围，提升图书馆的服务。可见，人本管理思想对于馆员在整个图书馆运行过程中起到的积极作用给予充分重视，重点关注馆员自身的主观能动性，帮助其树立主人翁意识，凸显出其在整个管理中的地位，满足馆员的发展要求，促进图书馆的积极发展。

（二）实现人力资源的有效开发

人本管理思想主要目的是通过提升管理质量，对馆员的潜能、创造力等实施开发和管理。该思想作为管理工作中的一项重要思想，有着非常大的指导作用，将该思想融入管理中，能够保证图书馆在积极引进人才的同时，对现有的馆员能力和素质给予关注，并且结合对应的培训工作，不断提升馆员的综合能力。在这种情况下，能够实现对图书馆内馆员能力的高效开发，并且实现对工作队伍的有效完善，进而确保形成更加完整的管理体系，为图书馆工作更加有序地开展提供人才支持。

（三）创建和谐阅读氛围

图书馆的主要作用就是为人们提供能够阅读大量资源和适合空间，将人本管理应用在实际的管理工作中，能够确保在提升馆员积极性、服务质量的基础上，为读者提供更加适

合的阅读环境。同时，在科学管理下，也能够在一定程度上引导馆员以及读者自觉遵守图书馆使用要求，这对于创建适合的阅读环境、和谐学习氛围等，都有着非常积极的作用。

三、人本管理思想下图书馆管理的创新措施

（一）树立管理创新理念

人本管理作为一种管理思想，其经过了长时间的发展，在各个领域均体现出了高成效，为管理工作的高效开展提供了有力支持。图书馆作为满足人们精神需求、提供多种信息和知识的空间，想要保证人本管理思想真正融入实际管理中，为管理工作的顺利开展提供指导，最先要求的就是要引导图书馆管理人员树立正确理念，为后续各项工作的顺利开展提供支持。

第一，负责开展管理工作的相关人员，需要及时更新观念，改变以往在工作中出现的得过且过、不求进取态度，不断地提升管理意识，确保能够更好地开展管理工作。这就要求图书馆积极组织对应的思想教育工作，从以人为本的角度，将人本管理思想的实际内涵、重要性等传递给管理人员，从基础上不断提升管理人员自身的认知，加强其对于人本管理思想的重要性认知，为后续更好地开展人性化管理工作提供支持。

第二，图书馆需要组织管理人员积极参与素养教育工作，从提升服务质量的角度，不断拓宽人员的知识面，使其能够更好地领导馆内工作人员，为读者创建更加适合、积极的阅读环境，为更好地体现出图书馆自身积极作用提供支持。

第三，除了对管理人员的人本化工作理念和意识进行提高以外，还需要采用开展专题教育活动的方式，提升全员的人本管理意识。在保证管理工作整体质量和效果的基础上，以人为本管理思想作为指导，确保管理人员和馆员之间的隔阂能够不断减小，在平等的基础上合作共赢。这样不仅能够使图书馆管理工作能够更好地开展，还能够为读者提供更加优质的服务，为图书馆实现持续、创新发展提供一定支持。

（二）运用有效的管理创新方法

图书馆开展的管理工作，实际上是一种对人才的有效管理，管理对象是整个参与图书馆日常管理工作的馆员队伍。因此，管理方法的科学性和合理性是决定管理效果的主要因素之一，落实在实际工作中，即需要按照人本管理思想创新管理方法，落实与馆员实际要求相符合的管理机制，为获得更好的管理效果提供支持。

第一，需要对现有的激励机制进行完善，在充分注重馆员价值、主观能动性的基础上，通过人性化的制度，将激励实施方和接收方之间互相作用的关系体现出来。以此保证

通过适当的激励机制，不断提升馆员积极性和主动性，建立更加科学的管理体系。如在实际的管理中，可以对一些工作中表现较好的人员进行鼓励，而对于工作不认真、态度不积极的馆员给予一定惩罚；将日常工作表现与馆员的晋升等联系在一起。这样不仅能够起到较好的管理效果，还可以确保馆员可以在树立正确认知的基础上开展日常工作，为读者提供更加优质的服务。

第二，针对管理工作来说，如果能够在充分尊重馆员的基础上开展，则能够获得较好的管理效果。这里的尊重不仅仅是人格尊重，同时也包括馆员自身需求、生活需求、工作方式、发展规划等多个方面的尊重，如对馆员的付出和努力给予肯定、充分尊重馆员的工作成果。这样能够在一定程度上提升馆员的自豪感，使其能够在拥有良好归属感、主人翁意识的基础上，更好地参与到工作中，提升工作效率，不断提升服务的整体质量。

（三）建立培养创新机制

人才培养是整个管理工作中的重点内容，只有落实高效的人才培养，才能够不断地提升人员专业能力和素质，为图书馆更好地服务社会提供人才支持。因此，对于参与图书馆工作的人员来说，不管是管理人员还是馆员，都需要积极参与到各种培训工作中。通过不断提升图书馆内人才质量、专业水平，为图书馆创建更加和谐的氛围，保证服务质量。

第一，管理人员在日常需要多参与各种类型的培训和学习活动，掌握更多与管理相关的知识，了解更多的全新管理理念和方法。如参与人本管理思想专题讲座，掌握人本管理如何有效地落实在实际工作中；外出参观其他图书馆日常管理工作，取长补短，对现有的人员管理机制进行完善。

第二，在实际的馆员日常工作管理中，需要基于人性化的理念，在充分了解馆员自身兴趣爱好、特长、职业规划的基础上，为馆员安排更加适合的工作，确保馆员能够实现"专业对口"。这样能够有效避免人才资源浪费的情况出现，实现人才的高效利用，还能够激发出馆员自身的工作积极性，确保能够获得更好的管理效果。此外，需要注重多引导馆员外出参与学习，开阔自身视野，充分重视馆员未来的发展，为其职业规划实现提供支持，真正将人本管理思想落实在实际中。

总之，图书馆作为文化传播的重要场所，其管理工作的整体质量和效率，能够直接影响到国家的进步和发展。在全新的社会背景下，图书馆自身需要从管理理念入手，明确在理念、方法以及人员素质方面存在的不足，并且通过人本管理思想的有效融入，积极更新管理理念、方法，不断地提升人员综合素质，为管理工作获得预期效果提供支持。这样不仅能够确保图书馆的创新发展得到支持，还可以确保图书馆更好地发挥出自身社会服务职能，为社会的积极发展提供一定支持。

第四章　图书馆读者及服务工作实践

第一节　读者的形成、结构与类型

一、读者的形成

"读者"一词是沿用远古时代的"看"的意思，现如今，"读者"一词的意义已经发生巨大变化，外延也有很大拓展。"读者"的本质内涵是接触信息、认知信息和使用信息的社会主体，这个社会主体既包括个人，也包括群体，乃至集体。图书、文献信息的读者则是指接触图书、文献信息，认知图书文献信息，并根据需要使用图书文献信息的社会主体。

读者的形成：①具有阅读对象——信息文本；②有阅读的需求；③具备接触、认知、使用信息的能力。读者是一定社会条件即社会经济和文明发展自然形成的结果，是信息需求者满足阅读诉求的必然结果。前者是读者形成和出现的客观社会条件，后者是读者自身所必须具有的主观条件和因素，两者缺一不可。

（一）客观分析

第一，社会物质生产水平的提高，是社会成员开展阅读活动的根本条件。人类为了安全、生存和发展，需要了解与自身相关的各种信息。随着人类社会和文字文献的出现，人类对信息的需求主要借助于文字记载的文献来满足。文献记载社会发展，来自社会发展，来自社会的物质生产。随着人类社会物质生产的不断发展，人类生存空间不断扩大，人们的社会实践活动不断丰富，精神追求不断增多，这一方面激发了人们的文献信息需求，另一方面又丰富了文献的内容，如此循环，使人们对文献信息的需求不断扩大和发展，进一步促进文献阅读活动的发展。

第二，文献生产方式的进步，有利于人类阅读活动的开展。人类在没有文字和文献之前，也有阅读活动，那是个体自发进行的对自然和社会信息符号的认知活动。人类社会的发展和人类生存进步的现实需要催生了文字。文字实现了人类自身发展和社会进步与文明的巨大飞跃，文字保存人类的记忆，实现人类超越时空的知识交流和精神交流，记忆知识和社会信息，进而形成文献，进一步促进人类社会知识的交流和沟通。尤其是在造纸和印刷技术问世以后，人类的精神、知识交流突破了时空的界限，大大促进了人类的阅读活动，改变了人的思维方式、认知方式和生活方式，从而创造出了更多的文献。

当下新媒体技术、信息技术与图书馆事业的发展，更增加了文献的容量，改变甚至颠覆了原先人类接触、获取、使用文献信息的方式，人类的阅读内容、方式不同于任何历史时期，人类阅读的时间也空前增多。网络环境下，图书馆的信息需求用户较以前发生明显变化，呈现出了社会化、多元化、动态化等特性，社会各阶层、各领域的人都可以成为图书馆的现实和潜在信息需求用户。通过什么介质来阅读已经变得无足轻重，重要的是阅读的内容和方法。由此可见，人类文献生产方式的进化，既是人类开展阅读活动的直接客观条件，也是改变人类阅读内容和方式、习惯的重要客观因素。

（二）主观分析

第一，阅读文献的主观需要和诉求是一个自然人成为文献读者的最为根本的主观条件。人是社会动物，是情感动物，人类为了生存和发展，需要了解外在客观世界和自身主观世界的信息，需要与人交往，沟通了解信息，交流情感。沟通了解信息的方式多种多样，但是更便捷和高效率的是接触、阅读文献资料。人类只要主观上有接触、阅读文献的信息的愿望，就能产生阅读行为。文献的阅读诉求制约、影响读者其他内在意识活动，诸如认知、情感、意志、动机、态度等心理过程的发生和形成，是决定一个社会自然人是否开展阅读活动的根本的内在动因。

第二，一定的文化素养和阅读能力是社会自然人接触、阅读文献成为读者所应具备的必要条件。文献是一种用文字记载人类文明的载体，有些文献则是人类科技文化的高端结晶。文字和文献出现以前，人对社会自然信息也有了解、认知、记识，不过此时的人只是一种宽泛意义上的阅者、看者，而并非现代意义上的文献读者。

第三，有付诸实施的接触、认知、使用文献的实际活动和行为，才是真正意义上的读者。一般意义上说，不管是到馆读者，还是馆外潜在读者或虚拟读者，只要其有阅读文献信息的主观诉求，又具有一定的文化素养和理解、阅读、使用文献信息的能力，并实际与文献信息发生关系，有阅读行为和活动，就是文献信息的读者。判断和衡量的依据就是接触文献，有阅读行为。所以说是否具有阅读行为是社会自然人与具有读者身份的社会成员的根本区别。当然，读者是一个具有特定时空含义的相对的概念，已经成为某种文献或某个图书馆（档案馆）的读者，如果他放弃或终结已有的阅读行为，他就不再是某种文献或某个图书馆（档案馆）的读者。而潜在读者，一旦他接触、使用文献或在某个图书馆（档案馆）确认了读者身份，履行了读者在一家图书馆（档案馆）所必须签署的借书和阅读等契约，他立即就成为现实的文献读者。由此可见，读者概念的内涵和本质特征是社会自然人具有阅读的需求，具有一定的文化素养和阅读能力，以及真切可见的文献阅读行为。

二、读者的结构

读者群体的结构①相当复杂，有必要对其做出详细了解，以便有针对性地开展读者服务工作。读者结构，是指构成读者队伍的社会因素和自然因素之间内在的稳定的组织系统。特定环境下，由于受文化教育和社会任务乃至民族、地域、性别等因素的影响，趋同读者会产生相同或近似的情感、观念、态度和阅读诉求。

（一）读者结构的作用

读者结构展现了图书馆队伍构成，反映了图书馆的服务对象。不同文献的需求和使用程度受读者结构影响，不同的读者结构对馆藏书的要求也不同，而且，读者结构和图书馆藏结构之间相互影响、相互制约，馆藏结构和读者结构两者之间要互相调整直至匹配，才能实现图书馆的健康和谐发展。

随着读者结构发生变动，馆藏结构也要进行调整以适应这种需求；当馆藏结构建立后，要重新明确自己所服务的读者结构，不然，会降低书籍的使用率和流通率，形成死书或呆滞书。因此，读者结构的研究是非常必要的，它使我们了解和掌握图书馆的读者队伍构成现状及发展趋势，为做好图书馆服务工作提供现实依据。

（二）读者结构的特征

读者结构是一种无形的客观存在，是一个动态发展变化的主体系统。读者结构虽然有一定的稳定性，但是随着历史和社会的发展，以及现实需要和读者个人发展需要的变化，而随时会发生变化和整合。比如同样处在改革开放的年代，虽然还是那样的读者群体，但是其内部会因读者诉求的变化而出现结构调整。另外，读者结构具有内在联系的组织系统。这一点容易理解，这里不展开论述。

读者在接触文献、认知文献的过程中，具有以下特征：

第一，具有接触、认知文献的主动性和目的性。

第二，具有接触、认知文献的选择性，主要是人的精力有限，只能选择自己最需要、最感兴趣的文献进行阅读。

第三，接触、认知过程的中介或传输途径具有多样性。现代化的图书馆拥有多种载体文献，能为读者接触、认知文献提供所需要的中介和传输途径。

第四，认知过程具有综合性。读者会结合自己已有的认知，不断对文献信息进行综合

---

① 结构是组成一个整体的各个因素之间内在的稳定的联系。

性加工处理，与已有的知识建立新的联系，丰富发展自己新的知识系统。

第五，接触、认知文献具有创造性。

（三）读者结构的划分

1. 读者性别结构

性别是人的自然属性，由于性别的不同，男性与女性虽然具有许多共同的阅读兴趣、内容、方式，但在阅读过程中所表现出来的心理与行为活动是有明显差异的。男性大多富于理性和自信心，他们理想远大，自我控制能力较强，善于抽象思维；女性大都富于感性和依赖性，善于形象思维，进取心弱于男性，更愿意寻求他人的帮助。这些心理活动特征深刻地影响着读者的图书馆活动，影响着读者对图书馆资源的利用。

读者的性别结构和特征提示我们既注重和满足不同性别读者的阅读内容和兴趣方面的需求，同时也应更多关照女性读者，多为她们创造有利于增强阅读兴趣、提高阅读能力的条件和机会。

2. 读者年龄结构

年龄是人类的自然属性，不同年龄段的读者智力认知能力和社会分工不同，自然表现出对文献信息需求层次的差异性，呈现各自不同的阅读兴趣、阅读目的和阅读方式。年龄结构是指图书馆的读者群按年龄段划分构成的比例，其所反映的是读者接受和理解文献过程中的心理素质和智力状况。

虽然年龄的增长为吸纳积累知识创造了时间条件，但随着新媒体科技和计算机技术的飞速发展，以及图书馆数字化的加快，人类获取知识和信息的手段方式增多，为年轻人学习、研究、娱乐创造了有利条件。年轻读者是图书馆和文献资料的主要使用者，因此，图书馆如何引导年轻人有效使用图书馆文献资料，进行学习研究（包括休闲娱乐），是一个应该引起重视的问题。

不同年龄段的人对文本的理解不一样，读者年龄特征是指读者在生理、心理、智力机制方面正常发展的情况下呈现出来智力和心理状态。

3. 读者职业结构

职业是指人们为了生存并能从中获取报酬所从事的某种业务或工作，它既是社会分工的需要和必然，也是人们赖以谋生的手段。社会分工不同，职业种类也多种多样，按行业大类区分，有工业、农业、商业、科技、教育、卫生等行业，每个行业中又有许多具体的职业、专业和工种。

职业结构是指读者在文献阅读过程中所体现出来的各种职业需求的比例，它主要表现为阅读中的职业需要、职业兴趣等特征，其作用主要表现在它能反映出读者相对稳定而又持久的阅读倾向。

从读者职业结构角度来说，不同的读者职业结构决定着阅读活动的不同内容和形式，构成读者群的不同类型。而稳定的职业结构，长期影响着读者的阅读取向。读者职业特征是指读者从事某种职业、专业工作所表现出来的职业需求、职业兴趣和职业阅读活动的综合现象，这种现象反映了这类读者连续持久的阅读方向和发展趋势。

不同职业、专业、行业和工种的读者，具有不同的阅读需求、阅读方式和阅读特点。他们虽有某些共同的阅读特征，但也有明显差异。大学教师和工人的阅读特征不会一样；文艺读者和农民读者的阅读特征也有明显差异。认识到这一点，对于图书馆、档案馆乃至文化信息产品营销机构而言，都是有意义的，可以有针对性地开展读者服务工作。

4. 读者文化结构

文化结构是指通过学校教育具有一定学历的读者在文献阅读过程中所表现出来的文化程度和知识范围的需求比例。文化结构主要表现在读者的文化特征上，即具有一定教育程度和文化水平的读者在文献需求上所表现出的内容深度、阅读方式、阅读目的的层次级别。

文化结构能够反映读者对文献信息的接受能力和利用方式。不同文化水平的读者对文献的阅读内容、范围和深度是不同的，对图书馆的利用方式和需求价值也是不同的。

读者文化特征是指具有一定学历和专业技术职务的读者在阅读内容、阅读方式和阅读目的等方面所表现出来的层次上的差异。读者文化特征既反映各种教育程度和不同专业技术职务的读者在文献信息的阅读对象范围和阅读水平方面的差异，也反映其对文献信息利用方式及需求价值上的区别。我们重视和研究读者的文化特征，可以把握图书馆读者文化特征的主流，做文献采编、保藏和流通服务工作，更好地发挥图书馆的作用。

三、读者的类型划分

读者是接受图书馆作用的对象，读者的阅读活动时刻都在接受图书馆工作的影响。读者的类型划分如下：

（一）图书馆读者的一般划分

读者在图书馆扮演的角色是双重的，从文献阅读的角度来讲，它是主体。从资源建设的角度而言，它又是客体。读者在信息交流过程中扮演的是核心角色，他们要从自身出发发出信息，还要对信息进行综合处理、客观评价。

图书馆为了将其内在的潜力激发出来，必须在管理建设方面加大力度，要提前将读者有关工作做到位，将馆藏文献的价值充分发挥出来。同时，在对每一项工作进行细化时，首先要对读者的类型有一定的了解。实际上，我们可以对读者进行如下几个方面的划分：

1. 以文献使用情况为标准划分

就文献的角度而言，根据读者对其应用的差异，我们可以将读者分为以下几种：

（1）文献型读者。这种类型的读者指的是在获取信息的过程中以检索纸质文献，阅读纸质文献为目的的读者。他们由于自身资源获取的特殊性，因此对于纸质文献有着较强的依赖。有时，他们对于纸质文献的偏好也是由于对网络资源的获取渠道掌握不够到位，对数字资源的使用不甚熟悉，所以才会更多地选择纸质文献来进行阅读。

（2）网络型读者。这类读者对于网络的使用十分熟悉，他们也对数字信息十分敏感，习惯了依赖平台进行资源的检索。图书馆当中的不少信息只能通过电子平台来进行检索，这也是弥补纸质文献缺失的一种有效形式。

（3）混合型读者。综合使用上述两种文献检索方式的读者，我们就将其称作混合型读者。他们既会选择电子平台进行文献检索，也会利用纸质文献来查阅知识，不管对哪一种方式都没有特殊的偏好。他们会结合自己需要检索的文献来选择不同的方式，这样的读者能够获得更加全面和科学的信息。

2. 以授权情况为标准划分

就读者授权的现实实践而言，我们可以将读者分为以下几种：

（1）借阅证读者。这类型读者会凭借其借阅证来进入图书馆。他们的信息检索方式不会受到限制，可以选择纸质阅读，也可以选择登录账号来访问图书馆的网站。包括数据分类搜索、阅览室查询以及数据库访问等。

（2）授权读者。没有办理图书馆借阅证，但是已经完成基本的注册流程的读者就属于这一类型的读者。他们会通过图书馆的信息指引来授权检索。这类型读者需要有合法的登录授权，他们的信息也会受到保护。

（3）未授权读者。这类型读者指的是被图书馆授权登录网站，却没有下载权限的读者。他们对公开的信息具有访问权，但是对于馆内信息没有下载权限。

3. 以读者所处的空间为标准划分

根据读者所处空间不同的角度来说，我们可以将读者分为以下几种：

（1）馆内型。馆内读者指的是前往图书馆来进行信息检索，获取自己所需要的知识的读者。我们通过比较现代读者和传统读者的差异能够发现，他们虽然存在部分一致化特征，但是在实现途径方面存在着明显的差异。

（2）远程型。远程性指的是利用现代化的各种媒体，通过账号登录等方式进行信息检索的读者，他们会以远程的路径来进行信息定位。目前，计算机的普及化程度越来越高，数字资源的类型更加多样，这类型读者的数量较之前获得了明显的增长。

（二）根据图书馆借阅方式区分的读者类型

我们根据图书馆借阅方式所区分的个人读者类型、集体读者类型、单位读者类型、临时读者类型，综合学界的研究成果，概述如下：

1. 临时读者

临时读者是指因暂时的阅读需求到图书馆利用馆藏文献的尚未注册的读者。临时读者未办理图书馆的借阅凭证，与图书馆之间没有借书和阅读的契约，没有建立正式的服务与被服务的关系，只是偶尔到图书馆进行借阅活动。临时读者也包括个人读者、集体读者和单位读者三种类型。

2. 个人读者

个人读者是图书馆服务的主要读者类型，也是图书馆的主要服务对象，它是以社会自然人为单位独立地利用图书馆从事阅读活动的个人用户，其中包括各种不同成分的个人读者。

第一，少儿读者。少儿读者即少年儿童读者，少儿是指 6 ~ 15 岁的少年儿童，由于这个年龄段的少儿主要是中小学学生，所以也称为中小学读者。少年儿童也有心理和行为差异，包括阅读心理和行为差异。他们正处于半独立、半依赖、半成熟、半幼稚的人生阶段，受客观、外界影响大，心理和行为具有较大的可塑性。初中二年级以后的中学生还会不同程度地出现逆反心理。所以，对这一年龄段少年的学习和思想引导尤为重要。我们应该通过包括引导读书在内的各种方法使他们在这一阶段身心得以健康成长。

家庭、学校和图书馆应努力帮助他们养成良好的读书学习习惯，引导、启发他们获取广泛的知识，打好基础，增强心智，健康成长。这一年龄段的读者在阅读学习中有一些共同点，即爱读书、身心好动、求知欲强，但学习持续时间短，阅读内容和兴趣广泛又通俗浅显，有初步理解能力，但以形象思维为主，随着年龄增长，尤其到了初二以后，他们的阅读自觉性、选择性及理解能力都会逐步增强。

少儿读者阅读需求主要有以下特点：①多层次性。小学低年龄段儿童喜欢图文并茂、画面生动、文字简洁、色彩对比鲜明的图书。小学高年龄段儿童除对神话、寓言、童话感兴趣外，还喜欢阅读英雄故事，对科幻图书及描写儿童心理、生活的短篇小说也有一定的兴趣。对于小学高年龄段读者而言，其自制力逐渐增强，有自己的阅读兴趣，且能较长时间阅读，比较爱看装饰精美、以文字为主附以插图、故事强的图书。而少年读者除喜欢阅读科研、历险故事外，对校园、青春小说也开始感兴趣。当然，他们也喜欢阅读与学业有关的知识性读物。②从众性。阅读行为、兴趣容易受他人影响，产生阅读的从众性，别的同学在阅读什么书，他们也会从众，借或买来阅读。③周期性。比如周末、法定节假日和寒暑假，是他们阅读较多的时间段。

第二，大学生读者。大学生读者具有双重的阅读特点，既是青年读者又是学生读者，既有着繁重的学业负担，又有着对文化知识的渴求。他们是各类图书馆读者的生力军，也是图书馆服务工作的主要对象。从人的生理年龄角度来说，大学生的生理机制、心理机制已经基本成熟，大多已形成人生观、世界观和价值观，他们的智力已经得到较为充分的发展，生活独立性增强，思想活跃，抽象思维能力和观察分析能力明显比少儿时期强，具有强烈的自我意识。

大学生读者阅读面和阅读深度不同于少儿读者，也不同于未读大学的青年读者，他们阅读的一个重要特点是紧密地与所学专业及未来职业、工作需要相结合，以系统学习专业知识，掌握专业技能，在此基础上也会利用好时间，扩大知识面，拓宽阅读面。

观察研究大学生的阅读内容和行为，可以发现，大学生读者阅读行为具有以下特点：

一是将图书馆作为学习的第二课堂。他们充分利用图书馆文献资料，吸取知识养料，同时善于充分利用网络进行学习研究，并且随着时间的推移，其阅读学习的自觉性、选择性和专业性不断增强，阅读能力日益提高，更加善于利用文献资料。

二是阅读兴趣和内容广泛。大学生读者除了阅读与教学和专业内容直接相关的文献外，还会根据自己的兴趣爱好，广泛涉猎、选择教学内容和专业以外的其他专业领域文献来丰富自己的文化知识、满足自己的兴趣和爱好，以提高自身的综合素养和学习研究技能。

三是有较高的阅读层次和水平，注意精选所阅读的文献资料。具体来说，就是对文献内容的质量、内容范围，以及文献外在形式、设计等方面都有一定的要求。

四是使用文献具有阶段性，呈波浪式发展的态势。因为高校教学是根据教学大纲和教学进度按计划进行的，所以每一个阶段的大学生具有相对稳定的阅读需求，主要是各种参考书、相关专业书籍和报刊的阅读需求。此外，一个学期又可以分为开学、上课、复习、考试和放假等阶段，周而复始，循环往复，具有规律性。因此，大学生阅读和借阅呈现从高峰期、平稳期、萎缩期，再到高峰期的同期性变动特点。同时，大学生读者还有一个特点，就是对所学知识和文献的使用都是有计划、按步骤地进行的。

第三，教师读者。教师读者是指从事各类教育教学的读者，既包括普通高等学校、各类成人高等教育学校、中等专科学校、中小学及各类培训教育机构的教师，也包括特殊学校的教师和幼儿教师。教师读者是各级各类学校图书馆的重要服务对象，也是图书馆的服务对象之一。教师读者由于工作性质的需要和个人素养提升的现实迫切性，特别需要持续不断地吸纳新知识，以促进自己的教学水平、科研能力和个人素养的提高，所以他们是各级各类图书馆的常客。教师读者阅读行为主要有以下特点：

一是阅读内容复杂多样。由于教师群体繁杂多样，其表现出来的阅读行为也具有需求多样、博杂的特点。具体来说，大学教师读者与中小学教师读者阅读内容、差异很大。即便同为大学教师读者，不同专业、学科也相去甚远。另外，教师读者肩负着教书育人使命，自身综合素质需要提高，也存在接受文献内容出现博杂、多样的情况。

二是教师读者利用图书馆文献的方式存在很大差别。如大学教师读者由于肩负教学和科研双重任务，在阅读过程中，阅读目的明确，阅读范围相对集中，通常以专业文献和相关的二次文献为主。且大学教师读者对专业性和文献的品种、类型、范围、时限、深度等方面要求很高，希望文献的品种和数量相对稳定，以满足教学之需。而中小学教师读者阅读方式则以借阅有关教学参考资料、基础理论读物和思想文化修养类的文献为主。

第四，科技读者。科技读者是指各行各业各界从事科学技术研究的读者，其中包括科学技术研究人员、工程技术人员、医生、作家和文艺工作者等。如果按专业技术职称对科技读者进行分类，有高级科技人员、中级科技人员和初级科技人员，当然也应包括没有评聘上职称的科技人员。为分类清楚，便于分析，这里所指科技读者不包含之后将要论述的从事科研工作的教师读者。科技读者是图书馆读者中的主要读者和重点服务对象，全国大多数省市自治区还设有科技图书馆，这类图书馆中的读者当然以科研读者为主体。

科技读者是一个特殊的脑力劳动阶层，与其他知识型读者对文献的需求不同，他们在阅读活动中有以下特点：一是对文献内容方面的要求较高，他们对文献内容的广度、深度和难度的要求都超过一般读者，有的高级职称科技读者还有阅读外文文献的要求。二是对图书馆硬件服务和软件服务的要求较高，他们希望图书馆不仅提供图书期刊文献服务，还能提供二次文献、三次文献的揭示和报道服务，以提供参考咨询、文献检索等多种形式的主动服务，有利于他们开展具体的科研课题和其他科研项目，以及文献调研工作。这对图书馆的硬件建设和服务工作提出了相当高的要求。

观察发现，高层次科技读者的阅读特点还表现在借阅呈明显的阶段性特征。在选题阶段，他们通过查阅文献，了解国内外最新研究状况和可供选择的文献的研究价值，以避免选题重复无意义；在调研阶段，他们在选题基础上，进一步查阅资料，收集资料，启发思路，确定研究方向；在总结、撰写论文或进行具体设计阶段，他们核对资料，浓缩资料，充分查阅原文；在评审阶段，他们从资料角度对研究成果进行验证，来鉴定审查成果，观察其学术价值和现实意义。

第五，公务员读者。公务员读者是指在国家党政机关工作的读者。这类读者从事各级各部门的行政管理和决策工作，需要考察各种现实的或潜在的因素，作为制定政策、规划和实施管理时的参考依据，所以公务员读者阅读行为特点表现为比其他类型读者更关注具有战略前瞻意义的综合动态信息和专业、行业领域的事实性信息。公务员读者对文献资讯的政策性、权威性也更为关注，同时希望图书馆能及时为他们提供所需的文献信息。此外，他们对时政、法律、涉外、政治、军事和外交方面的文献也要比其他类型的读者更为关注。由于党政工群等机关除有综合宏观的党政事务管理部门外，也分门类和行业，公务员既有国家级党政工群机关，也有县级机关党政工群，既有机关领导，也有普通公务人员，他们的文献阅读行为也表现出一定的差异性。

第六，工人读者。工人读者是指在厂矿企业、商贸、交通运输、邮电、建筑、服务行业及第三产业从事体力劳动的读者，也包括党政机关的勤杂人员。他们以初高中文化为主，学历不高，人员众多，成分复杂，层次多样，也是图书馆读者队伍中的主要读者类型。

工人读者是各级图书馆的主要服务对象，其阅读行为特点主要有以下四点：①青年工人读者占据相当比例，他们思维活跃，容易受到各种社会思维的影响，阅读行为表现为追求社会时尚，对反映社会现象和问题的文献容易形成流行性的阅读现象。②工人读者学历和文化水平普遍不高，选择的文献内容多以文艺作品和普及性读物为主，阅读目的是丰富知识，陶冶情操。也有一部分工人读者会根据自己的兴趣和条件钻研业务技术，选择浅显的专业技术书刊阅读研究。③工人读者只能利用业余时间到馆阅读。他们平时忙于工作，周末、节假日和下班后才有阅读时间，才可能到馆阅读或借阅。④工人读者十分注重阅读文化补习和业务技术等文献。由于社会需要和工作压力，以及文化考核、专业技术职能评定的需要，工人读者必须不断提升自己的智能和知识水平，因此他们十分注重阅读文化补习和业务技术等文献。作为图书馆，在为工人读者服务的过程中，应该重视工人读者的阅读特点，尊重和满足他们的诉求，同时加强引导，向他们推荐需要的文献。

第七，农民读者。农民读者是指身居农村，以农林畜牧渔等大农业生产为业的读者。农民占中国人口的绝大多数，是图书馆最主要的潜在读者。我国农民有个特点，即身居农村，接触外界资讯不多，也不十分主动，但新一代农民大多具有初高中学历和水平。随着农村市场经济的发展，交通建设的加速，以及广播电视和互联网的接入，农民的职业成分和知识追求发生很大变化，东部沿海地区乡村和城市周边乡村的农民思想观念和文献需求已基本接近城市工人读者和居民读者。一些农民学科学、爱科学，运用科技从事农业生产和经营，尤其对种养专业知识文献情有独钟；一些发家致富的农民读者注重文化娱乐文献知识的阅读和学习。

农民读者阅读行为的特点主要有两点：①在文献需求上注重选择娱乐性、通俗性、知识性、普及性文献。②他们身居乡村，进城到馆阅读不方便，即便去，也是偶尔为之，只能算作是图书馆的临时读者和潜在读者。

针对农民读者的阅读行为特点，有关部门已经拨出巨额经费在乡村建农家书屋，沿海发达地区乡村也建有一定规模的农民图书馆或书报阅览室。作为专门为公众服务的图书馆，也不能忽视农民读者队伍这一庞大的潜在读者，应根据农民读者阅读特点，做好相应服务，比如举办各式的先进技术培训班、送书下乡，使更多农民读者意识到科技文献的重要性，尽快地由潜在读者转为图书馆的现实读者。

第八，军人读者。军人读者是各军兵种和武警、海警的现役军人。军人有自己的图书馆，同时也是各级图书馆的读者。军人的职业性强，纪律严明。他们除了苦练军事技术，需要学习、阅读与军事和社会知识相关的文献外，也渴求文化、娱乐知识。此外，由于普通军人多为初中生或高中生，他们还有基础文化知识学习的需求。

军人读者也有不同的阅读需求，表现出不同的阅读行为。一是文献内容以政治理论、军事技术、科学文化知识为主；二是在图书馆的利用上，以外借、阅览形式为主；三是阅读需求具有专业性、技术性、可操作性和实用性的特点。大部分军人在部队服役时间不长，要考虑转业退伍后的社会就业问题，所以随着军地两用人才的培训，军人读者的阅读需求朝更广阔的专业科技领域方向发展，渴望阅读专业性、技术性、可操作性和实用性强的文献。

第九，残疾人读者。残疾人读者是指在生理上存在一定缺陷，失去部分生理功能，难以进行正常阅读的特殊的读者群体。这类读者除患有心脑残疾外，阅读需求和阅读能力与常人一样。图书馆工作人员在为他们提供服务时要倍加体贴关心、细心周到，尊重他们的人格和自尊心。对于有些行动不便的残疾人读者，图书馆也可以定期不定期地开展上门服务，满足他们的文献阅读需求，让他们享受到与常人一样的文献服务。

第十，居民读者。居民读者是指在城市有固定居住地和户籍地的，不属于上述各读者类型的读者。居民读者是图书馆的服务对象，其中包括从事个体或集体劳动的就业职工、离退休老年居民，以及其他无职业人员，包括下岗职工。

居民读者的阅读行为特点是在内容的选择上较为博杂：离退休老年居民读者喜欢阅读时政类文献和保健卫生休闲类文献；而下岗失业、待业人员由于本身有一定的专业技能和素养，所以在文献的需求和选择上更倾向于阅读各种反映科学技术文化知识的文献，以扩大自己的知识面，改变自己的知识结构，寻找再就业的机会。

3. 集体读者

集体读者是指由若干人自愿组合、以一定的组织形式利用图书馆文献的集体用户。其组织形式多种多样，如读者小组、读报小组、自学小组、科研小组、写作小组等。他们以自愿的方式组成阅读学习研究的群体，具有共同的阅读爱好和需求，对所阅读内容的选择和采用的阅读方式也具有高度的同一性，并在一定期限内，集体借阅一定范围的文献。他们有的在同一个单位工作，有的从事同一种职业，有的是同一学校师生，有的共同研究某一项目，在一定期限内，集体阅读一定范围的文献。他们在借阅数量、借阅期限和借阅方式等方面不同于个人读者。当然，集体读者也可以是有约定的，能在一起沟通交流，通过图书馆网查阅文献数据的虚拟集体读者。虚拟个人读者可以结合成集体读者用户群。

集体读者是图书馆特殊的服务对象，我们在为其提供服务时应积极采取有助于他们的学习研究的方式和方法，最大限度地满足他们对所需文献的阅读需求。

4. 单位读者

单位读者是指以固定机构为单位利用图书馆的团体用户。图书馆单位读者的特点是作为一种传递馆藏文献的中转机构。它充当文献传递的中介职能：①根据本机构或本单位读者的需要，直接向图书馆借阅或调阅馆藏文献；②直接将馆藏文献传递给读者使用。它只负责中转文献，归口借还，而不负责文献的长期保管。单位读者是为本单位员工利用图书馆文献资源提供服务的一种特殊组织，所借文献为本单位的个人或集体使用。

单位读者与集体读者明显的不同是，集体读者的阅读行为是自发的，而单位读者的阅读活动是法人单位和机构组织发出和布置的。当然在单位或机构工作的个人读者或集体读者，可以通过本单位或本机构，以单位或机构的名义直接与图书馆建立文献借阅或调阅关系，图书馆直接为单位读者注册立户，单位用户指定专人负责与图书馆建立借阅关系，负责本单位读者的借阅服务工作。

单位读者有三种类型：①固定服务单位的用户；②图书馆的分支机构，如高等院校的分馆或院系资料室；③与本馆建立了馆际互借关系的兄弟图书馆。

5. 虚拟读者

虚拟读者，即在图书馆外远程访问图书馆网站、享受图书馆服务的读者。在互联网信息时代，图书馆读者群体必然由单一的"到馆读者"分化为"到馆读者"和"虚拟读者"，界定两种类别的依据是读者是否亲临图书馆。互联网、新媒体的出现，改变了人类文献处理、运用的方式，人们不用到馆也可以根据自己的需求，运用虚拟资料，来满足自己对文献的需求，所以在互联网、新媒体环境下，图书馆读者必然由过去单一的"到馆读者"分化为"到馆读者"与"虚拟读者"两类。

同一读者可以既是到馆读者，也是虚拟读者。到馆时，到馆读者是"显形"的现实读者，开展文献阅读活动，享受图书馆各项服务。虚拟读者是"隐形"读者，他们在馆外的时空中使用图书馆数字文献时可以虚拟阅读，享受图书馆的馆外虚拟服务。

虚拟读者还可以有其他的分类，依据访问图书馆网络的权限来给虚拟读者分类，有以下几类：①基础的普通网民，他们不享受深度服务的权利，只能访问图书馆公开的电子资源。②较之基础普通网民（虚拟读者）享受更多图书馆网络资源服务权利的联盟者，但是这类虚拟读者所享受的权利比较有限，是最低权限，仅仅可以访问部分需要注册使用的数据库。③本机构的人员，他们享有一般权限，可以在本单位内访问图书馆所有数据库。④享受远程服务的师生和研究人员，他们享有最高权限，可以在单位内外访问图书馆所有数据库。

第二节　图书馆读者需求分析与评价

一、图书馆读者需求分析

读者需求是指读者对适用图书文献的寻求过程。它以读者的阅读目的为出发点，以其适用文献的取得为结果。此过程体现了读者与文献之间的关系，属于阅读行为的前期活动。取得适用图书文献的过程就是满足读者需求的过程。

（一）读者信息需求的表现

读者的信息需求①，随着年龄的增长、知识的增长、能力的增长，而不断地发展和提高。

读者信息需求总是在一定程度上反映了社会的政治、经济、科学、文化发展的需要。只有历史地、具体地研究读者，把读者放在特定的时代和社会环境中加以考察，才会认清现代社会读者的社会性和群众性的特点。随着社会的进步，科学的发展，为了社会的进步和经济的繁荣，为了自身的生存、发展和完善，读者把信息需求当作社会生活中不可缺少的组成部分，从而使信息需求成为普遍的社会现象。

信息需求的社会性具体表现在以下几个方面：

第一，信息需求者既是信息活动的主体，又是文献工作作用的客体。读者从事信息活动，主要是通过各种载体的信息交流功能，实现人们相互之间的某种社会交往关系，从而满足个人的社会精神需要。

第二，读者的信息需求过程，是在一定社会环境中进行的活动，是整个社会生活的组成部分，是整个社会实践活动系统中的链条，同社会生活的各方面都发生联系。

第三，选择信息资源、评价信息内容价值的客观标准，取决于社会实践的需要，取决于社会政治、经济、文化、科学技术诸因素，取决于社会对人们的认识和行为所产生巨大影响的作用。

第四，信息需求的效果，直接影响着社会的生活和生产活动。信息资源的社会功能，直接作用于读者发展和完善的过程。信息资源的社会功能有助于培养读者先进的思想意识及正确的世界观。信息资源以自学方式使读者进行终身教育和连续教育的过程中，不断地

---

① 信息需求是人类精神需要的一部分，它既是一种社会需要，又是一种心理需要。这种信息需求，是为了社会的进步和经济的繁荣，也是为了自身的发展和工作任务的完成。

积累系统知识，更新知识结构，以适应社会活动和生产活动发展的需要。教育已成为普及文化知识，传递科学技术情报、活跃业余生活的重要源泉。现代技术的发展，服务手段的多样化，各种文献载体的发展，极大地丰富了读书内容和读书形式，强化了信息资源的社会功能。

第五，群众性读书活动的组织工作与指导工作，依赖于国家与社会的力量。群众性读书的组织、指导的任务，主要落在图书馆工作者身上。他们发展和组织广泛的读者队伍，配合读者系统地选择图书，指导读者正确地理解文献的内容，帮助读者学会利用文献工具，并为吸引读者读书和利用图书馆，创造方便的条件，这一切都是按照社会的需要，在国家的规划下有计划有步骤地进行。

至于读者的信息需求，包括读者对信息的共同需求，以及对文献内容的不同需求，其实质多反映了读者的社会需求，即信息需求的社会性。

社会不断发展变化，读者的信息需求也随着社会的发展而不断变化。由于读者的信息需求动机、目的以及个人修养在不断更新、提高和发展，这些变化使得读者的信息需求经常处于发展、多变的状态之中。

（二）读者阅读需求的类型

1. 业余型读者需求

业余型需求与读者的工作和学习一般没有直接的联系，它受自己个性心理因素的影响比较明显，反映了个人的爱好倾向及心理特征。与其他类型的读者需求相比，业余型读者需求是最为常见的读者需求，几乎所有读者都有这种阅读需求。如在人们遇到衣食住行方面的问题时，当人们想养生防病、锻炼保健、旅游、购物、化妆美容、适应社会、增长知识等时，都表现出这种需求。尽管这些是个人兴趣的表现，但受读者文化程度及素质品质的制约，以及社会、家庭、职业等多种因素的影响，业余型读者需求也会存在很大的不同，有些阅读需求成为读者个人发展方向的重要指导。因此，图书馆要善于发现和引导读者健康的业余需求，培养读者对科学技术、文学艺术的浓厚兴趣，使读者的阅读活动得以健康、有效的实现。

2. 社会型读者需求

社会型读者需求，简单来说就是大家都在阅读类型相近的书刊文献。它明显地展示出时代特征和发展潮流的需要，此类读者需求是社会需求和客观发展的趋势所迫。读者的阅读需求从一个方面反映了社会政治、经济和文化状况，具有时代发展的特点。社会的政治、经济、文化诸因素会给读者阅读需求不断施加影响，甚至在阅读文献的版本、内容，需求的强弱程度以及趋势等方面都会起着巨大的作用。这种社会型的读者需求呈现出的突出特点，就是读者在一个阶段对文献需求的数量较大，读者阅读的时间相对集中，使得某些文献数量暂时紧张，成为众多读者的阅读中心。

随着时间的推移，社会潮流的变化，社会型读者需求也会随之发生转变，有的会从短暂的阅读需求变为持久的阅读需求，有的会发生转移，形成新的阅读需求。面对这种社会型读者需求，图书馆工作者要用敏锐的观察和科学的态度认真对待，要经常关心国内外发生的大事和社会发展的趋势，同时要分析这种读者需求的性质、规模、强度以及时间的长短，掌握读者需求的发展方向，使读者的长久需要与现实需求充分地结合在一起。与此同时，应做好图书馆藏书的调配工作，加强图书的宣传，促进图书的流通，满足大量的社会型读者的阅读需求。

3. 专业型读者需求

专业型读者需求是指从事学习、工作、研究等专业活动的读者所提出的文献需求。这种阅读需求经常与读者自身的业务工作、专业学习和研究活动紧密联系。研究活动的开展确定了专业需求的范围、内容和要点。一旦满足了专业读者的需求，则使得读者在专业知识技能和解决具体问题的能力上有所提高，又会推动专业实践活动的进一步深入发展。由于专业型读者需求与其从事的专业实践在内容、目的、范围、时间上有一致性，因而体现出明显的职业特征，这种需求是为了解决面临的实际工作任务和难点，其需求的特点是专业性、资料性、咨询性。他们的阅读目的明确，干哪种工作，就阅读哪类文献，以求提高自己的专业知识和专业技能。

在阅读活动中，各种行业、职业、工种的读者，按照自身业务要求，其阅读需求和阅读倾向比较固定，对文献内容的要求具有针对性。相同行业、职业、工种的读者，其专业阅读需求的指向差别不大，但由于年龄、文化、知识结构和素质的不同，就会在文献利用的侧重点以及深度与广度上存在差异。一般来说，从事较为复杂的专业工作的读者具有专业阅读需求，而且需求的范围比较广、专业性强、水平较高、持久稳定。研究专业型读者需求的共性和个性特点，有利于更具针对性地做好读者服务工作。

4. 研究型读者需求

研究型读者需求是指为了解决某一研究课题，完成所担负的具体研究任务而产生的阅读需求。具有研究型需求的读者往往是围绕研究内容组织和开展阅读活动，以便了解课题的研究动向，掌握课题的研究水平。因此，这种读者需求所涉及的阅读范围具有长期的指向性和专业性，体现出较强任务规定性的特点。

读者在研究课题的几个阶段中，根据不同的进展情况，提出对文献内容的范围和要求。任何承担了科研课题的读者，受研究任务的制约都会表现出积极的研究型阅读需求。

如在科研项目选题阶段，读者通过查阅文献，了解某一领域哪些研究课题具有现实意义且有待深入发掘；在调研阶段，通过普查文献，了解本课题的研究成果及动向，从中筛选可供参考的资料、数据、事例和方法，以启迪思路，开阔眼界，形成新的认识等。

总之，社会型读者需求和业余型读者需求，具有较广泛的社会性和读者服务的共性特征。而专业型和研究型读者需求，则具有读者需求的个性特征，这也是我们在读者服务中的工作重点。衡量一个图书馆的工作、文献收藏质量、工作人员素质水平、工作效率和服务能力的高低，就看它对重点课题、重点项目、重点读者需求的满足程度、服务速度和服务效果的层次好坏。我们研究和掌握了读者需求的主要特征，就可以对读者进行充分服务和区分服务。

二、图书馆读者需求评价

评价读者需求应考虑如下几个方面：

第一，读者的自身特征。读者的职务、职称、学历、工作性质、信息意识及年龄、性别等多方面因素往往会产生不同的文献需求，并决定着读者需求的主要特点。在评价读者需求时应当作为优先考虑的一个条件。

第二，读者需求文献的主题内容。读者所需文献是属于哪一专业或哪一学科，还是属于某一特定内容会涉及读者查找文献的方法，选择哪种检索途径，确定哪些类目或主题词做检索的关键所在。

第三，读者需求的文献信息类型。了解读者需求的是数据信息、事实信息还是文献信息。如果是文献信息，还要进一步了解是图书还是期刊，是一次文献、二次文献还是三次文献等。这样，图书馆工作人员可根据各类文献的使用方法提供优良的服务。

第四，读者需求文献的数量总和以及读者浏览和阅读文献的总量。这是衡量读者消化吸收信息能力的主要依据。

第五，读者要求提供信息的完整性、准确性。图书馆对读者提出的文献需求应给予满足，包括对读者所需信息的出版年代，以及对提供信息的时间期限和及时性的要求。

第六，读者获取信息的方法和习惯。了解和掌握读者是通过正式渠道还是非正式渠道获取信息，读者获取信息时习惯采用哪种方法，是评价读者需求很重要的方面。

第七，读者需求的阶段性。读者对文献资料的需求是有阶段性的，比如大专学生、科研人员等在学习、科研设计的不同阶段，需求文献信息的内容与程度是不同的，掌握好读者的这些需求特点，才能真正做好读者服务工作。

我们对读者需求做出评价，是要找出读者需求之间的差别，以便进行充分服务和区分服务。

第三节　图书馆读者服务的基本内容

一、图书馆文献流通与馆外流通服务

（一）文献流通服务

1. 文献流通工作的意义和作用

（1）文献流通是图书馆履行其社会职能的主要手段。图书馆的社会职能是通过图书馆的搜集、整理、保管、流通，来保存人类科学文化成果，传递科学文化知识，为发展社会生产力、促进社会发展服务的。而直接为生产、为社会服务的首先是文献的流通。文献流通工作之所以被当作图书馆各项工作的中心，被当作衡量一个图书馆工作质量和水准的标尺，就在于它是履行图书馆社会职能的最基本手段。

（2）文献流通是传送科学文化知识的重要途径。文献是传递人类科学文化知识的重要工具。文献记录着古往今来人类认识世界、征服世界的智慧和经验，是人类千百万年积累起来的知识宝库。人们要进一步认识世界、改造世界，首先要掌握人类已有的知识，要借鉴前人和他人的经验，而这些知识、经验只有从文献中才能详尽、系统、准确地得到。所以，人们总把图书馆称作"知识的海洋"。可以说，文献是知识的代名词。文献流通，就是知识流通、知识传递。

（3）文献流通是开展思想政治教育的一条重要渠道。图书馆是对广大读者进行社会主义、共产主义教育的重要阵地。图书馆是通过各种优秀文献的流通借阅和宣传辅导，达到"以书教人，以书育人"的目的。因此，文献流通是具有"思想性"的。它可以通过文献去影响读者的心灵、启迪读者的意志，以起到宣传教育的作用。

2. 文献流通工作的变化

随着信息时代的到来，许多图书馆管理实现网络化、检索联机化。面对微机智能化管理，图书馆工作人员的专业技能、服务态度、服务质量面临新的挑战，读者服务工作更加艰巨。

（1）打破了传统借阅方式。图书馆自动化、网络化的实现，简化了借还手续，节约了时间和空间。现代化技术广泛应用之一就是建立了文献流通服务系统，该系统利用计算机扫描仪对新型借书证和图书上的条形码进行扫描，借还书手续可在几秒钟内完成，这无疑使藏书利用率得到了极大的提高，同时也提高了服务质量，减轻了劳动强度。新生事物往往是在实践中逐步得到完善的，图书馆自动化管理在为图书馆工作带来极大便利的同时，也给文献流通带来了许多新问题、新情况，如由于设备问题带来的漏借、错借等。通过实践，我们总结出做好微机流通工作几点必要条件。

第一，转变传统观念，提高信息交流意识。随着网络化进程的不断深入和发展，一方面，图书馆一些传统的职能慢慢减弱，甚至消失，流通人员的作用更多地开始从"幕前"转移到"幕后"；另一方面，图书馆基础工作也从馆内的"幕前"移到"幕后"，与读者的交流会更多地通过网络来实现。但流通人员自身应认识到，计算机不能完全取代流通工作中的所有环节，它只是一种现代化的管理手段，能够使流通工作变得更加方便快捷，工作人员的参与仍是必不可少的。

现代化图书馆的流通服务既是对传统图书馆信息服务的继承，又是对传统图书馆信息服务的扩展，更是在传统图书馆信息服务基础上的发展和创新。今天，我们应树立起"藏为用，为用而藏"的观念，这体现了"以人为本"的价值观。以人为中心，以人为主体，以人为根本，让每一本书都为人的需要服务，这是衡量馆藏质量的标准，也是对图书馆流通人员服务水平和服务能力的检测。把馆藏全方位、多层次地揭示给读者，让图书走入读者之中满足他们各方面不同的需要。即利用完善的新技术设施，提供高质量的参考咨询，加强书目、索引的编制，及时报道馆藏新文献，将读者吸引过来。

在当前的信息时代，除去实现了微机的借阅，流通工作手工作业，如贴磁条、条形码、上书、整架等，仍是图书馆服务工作的一个重要环节。面对新老工作方式并存的形势，流通部门工作人员，首先要转变传统观念，在网络环境下，树立"大藏书，大服务"观念，提高信息交流意识，由重视图书收藏转向重视读者服务，使自己成为最新信息的传播者。

第二，调整知识结构，提高自身素质。图书馆流通部门始终直接面对广大读者。就目前我国的情况而言，去图书馆借阅的读者，相对来说知识层次较高，对图书馆工作的要求也相对较高，因此工作人员要不断更新知识结构，由"单一型人才"向"复合型人才"转变，钻研微机管理知识和操作技巧，提高实际操作能力，熟悉微机管理程序及应用范围，尤其是流通管理应用程序知识。此外，还应了解信息处理方法和相关科学知识，不断提高外语水平。只有这样，工作起来才会得心应手，才能提高工作效率，才能为读者提供优质服务。

第三，转变服务方式，加强职业道德。新时期向工作人员提出新要求，既要注重文献借阅，又要开展情报参考咨询等深层次服务，从静态的被动服务，转向动态的主动服务，全面了解读者的需求规律。图书馆在微机管理状态下，文献管理更加科学化、系统化、规范化，同时也减少了工作人员失误。流通部门也要制定相应的借阅规则，使工作有序化，使读者借还书更加方便快速。由于读者利用电脑检索书刊目录特别方便迅速，借还书频率要比以往高得多，工作人员只有树立真诚为读者服务的态度，才能使流通工作真正跨上一个新台阶。

作为一名信息流通人员，应不断更新知识，加深知识的深度和广度，达到博学多识、专精博通，知事明断、触类旁通。时时了解本学科发展的动态及新的成果，不断巩固、更新自己的专业知识，才能搞好文献信息的整理综合服务工作。要具有敏锐的头脑和正确判断与决策的能力，掌握时代发展与事物发展的客观规律及趋势，了解学科发展的趋势，有针对性、选择性地做出相应的决策，为各个学科的用户服务。熟练掌握新的现代化技术，应用自己的专业知识和识别能力，整理综合利用网上信息资源，建立自动化网络系统与文献信息保障体系，利用光盘开展信息检索服务，增添图书馆信息服务产业化的能力。

（2）实现了微机化管理。各个图书馆采用的管理系统可通过参数控制借阅数量及期限，有利于严格执行流通规则；还可以查询图书去向，办理预约登记手续；与此同时系统可提供续借、催还、过期罚款、证件管理、流通状况及工作量统计等功能。尤其是通过借阅查询、跟踪图书去向的服务功能，减少了好书滞留在少数读者手里的时间，提高了图书的利用率。

（3）实现了图书网上查询、预约、续借服务。网络环境下，图书馆通过网络提供图书的查询、预约、续借服务，读者不需要到图书馆来，就能找到自己所需的图书。不受时空范围限制，利用任何一台联网的计算机就可享受上述服务，大大方便了读者利用图书馆文献。

（4）借阅统计精确化。精确的借阅统计为图书馆员细化管理提供了必要条件，不仅为采访提供了信息，提高了采购质量，而且可以据此分析不同读者的阅读倾向，调整馆藏结构，加强馆藏建设。

（5）流通窗口配备的数据查询站。在流通窗口设有查询站可使众多读者能直接检索到全馆各种文献的馆藏情况、文献收藏的确切位置、外借情况和文献的载体状况，便于读者选择性借阅。同时，也相对减少了流通工作人员的工作量。

（二）馆外流通服务

图书馆馆外流通是指图书馆采取多种措施将部分藏书送出馆外、建立书刊流通网点、直接在读者身边开展借书活动的一种服务形式，它是图书馆外借服务的一种延伸。馆外流通使图书馆服务由被动变为主动，图书馆馆外流通是适应开放服务的实际措施，顺应了时代的要求。

1. 馆外流通的意义

（1）提高了图书馆的社会效益。图书馆员走出馆舍，协助政府和有关部门宣传党的方针政策，普及科学文化知识，同时也满足了读者的阅读需求，最大限度地实现了为人找书、为书找人的目的。在当今的知识经济时代，馆外流通的工作人员承担了知识的管理者和传播者的角色，变被动服务为主动服务，提高了图书馆的社会效益。

（2）提高了图书馆的经济效益。在知识经济、服务经济的时代，图书馆馆外流通站采取有偿和无偿相结合的服务方式，开辟多种服务项目，可适当地收费，以充实馆外流通站的经费。这样既可以增加图书馆的收入，又为图书流通的发展壮大奠定了经济基础。

（3）提高了读者到馆率和文献利用率。社区图书馆以其较高的利用率成为当地居民文化生活的重要组成部分。由此我们可以受到启示，成立图书馆馆外流通站，会延伸图书馆的服务阵地，扩大图书馆的服务范围，满足读者就近就便的阅读需求。同时，也为提高图书馆文献资源利用率提供了一条途径。

2. 馆外流通站的建立

图书馆馆外流通站是一个面向大众的服务性机构，为读者服务是它存在的根本目的，其服务对象是分布在城市、农村各个角落的读者群体。图书馆可以将馆外流通站设置在工厂、机关、学校、车站、社区及乡、镇、村等人口稠密的地方，也可以与上述这些单位和乡镇实行联合办馆，即以对方出场所、设施，图书馆出藏书的形式建立图书馆馆外流通站。

图书馆应了解各馆外流通站的读者结构和层次，再配置相应的书刊资料，如年轻的读者大多需要一些娱乐性书刊，科技人员大多需要一些专业性强的书刊，而农民则需要一些农业科技资料等。图书馆与各馆外流通站之间可以定期互换书刊，使这些馆外流通站的藏书始终处于吐故纳新的状态，以吸引更多的人成为图书馆的读者，同时可以提高书刊资料的周转率和利用率。图书馆馆外流通站的建立，适应了改革开放的大环境，加强了图书馆的宣传力度，增进了社会对图书馆的了解，其所产生的良好效果是其他服务形式难以比拟的。

二、图书馆文献参考咨询与阅览服务

（一）参考咨询服务

1. 参考咨询服务的重要性

参考咨询是图书馆帮助读者检索文献和搜求信息的服务方式，图书馆参考咨询人员针对读者提出的疑难问题，利用参考工具、检索文献及有关书刊，帮助查寻或直接提供有关文献及文献知识、文献线索，通过个别解答的方式为读者服务。图书馆的参考咨询服务维持了"图书馆和读者之间的个别联系"。咨询馆员发挥四个基本作用：①教育读者如何使用图书馆；②帮助读者查找资料；③回答读者的疑问；④提升图书馆在服务群体中的形象，指导读者如何利用图书馆。

参考咨询服务的类型按读者所提问题的性质可分为事实性咨询、方法性咨询与专题性咨询三种类型。参考咨询服务的实质是直接或间接地帮助读者解决对所需文献或某一方面知识了解不足、掌握不全面的困难。读者在科研、教学、学习、生产或工作中，往往会遇到一些与利用文献有关的疑难问题，出现这种情况的原因有：一是从浩如烟海的文献中，迅速准确地查到某种符合特定需要的事实或资料是很不容易的；二是很多问题往往要通过查验工具书去解决，而工具书的使用并不是每个读者都十分熟悉的。所以，借助图书馆把自己的需要与某种情报源联系起来，得到文献的提供或参考答案，对于读者来说是非常必要的。所以，参考咨询服务是图书馆一项不可缺少的服务形式。

2. 参考咨询服务的创新呈现

基于新媒体环境下，图书馆参考咨询服务呈现以下新特点：

（1）信息资源的电子化。参考信息源是参考咨询服务的物质基础，出色的参考咨询服务必须依赖丰富的信息源。网络环境突破了"馆藏"的物理空间转向无围墙的全球性的"虚拟图书馆"，除了传统的文献信息源外，大多数图书馆还充分利用检索速度更快、更方便的馆藏电子工具书、书目信息数据库和其他光盘数据库、网络数据库。网络不仅是世界最大的信息资源中心，而且所提供的现代化检索技术能以比手工检索快无数倍的速度提供信息资源。这些资源包括电子出版物、专题数据库、书目数据库、网络资源指南、网络检索工具、图书馆联机公用目录、联机数据库等。可以说，网上电子化的信息资源将会成为咨询服务最重要信息源之一。现代参考咨询服务的开展是以各种印刷型信息资源的数字化和电子信息资源的有效组织为基础的。

（2）信息服务对象的社会化。随着网络技术的发展，信息不再仅仅是技术研究人员的特殊需求，而是各行各业人员从事实际工作所必须掌握的东西，甚至还是每一个社会成员生活的必需品。参考咨询不再限于本馆读者，而是面向全社会，主动地为社会各界提供信息服务，参考咨询对象逐步社会化。政府机关、科研机构及企事业单位需要决策咨询服务，科研单位与研究人员需要科学咨询服务，公司、企业、商贸团体需要社会经济动态信息咨询，普通民众需要与其工作生活密切相关的信息咨询。

（3）信息服务职能的综合化。21世纪图书馆的参考咨询服务，既要搞好传统服务——解答读者在查找和利用文献信息过程中遇到的问题和疑难，又要开展多媒体资料阅读、网络信息传递、情报检索、情报编译、定题跟踪、回溯检索、课题查新，编制二、三次文献及读者导读、用户培训，开设文献检索课，帮助用户建立自己的信息资源库，为用户信息上网提供咨询，协助用户建立自己的网页等多种服务。

当今，技术辅导、考研信息咨询也是网络环境下图书馆不可忽视的一项工作。同时，检索的重点将由整体的图书向文章的段落甚至单个句子转移；对网络书刊的利用将由传统择册择期过渡到网络择目、择篇、择全文。咨询馆员还必须在有限、无序的网络信息中筛选、整理出用户所需要的内容。既要解释电子式检索的各个步骤，又要辅助用户构建检索式，与用户一起检索各种不同电子资源的选择方案。

（4）信息服务范围的远程化。网络环境下图书馆咨询服务向众多图书馆间、国际间远程数字化合作发展。通过远程合作咨询服务将全球图书馆结为一个整体，整个图书馆网络间不仅文献信息资源可以共享，各图书馆咨询馆员的知识智慧、成功咨询案例、各类课题调研成果等均成为共享资源。信息咨询服务不再是以单个图书馆为中心，而是在大图书馆的整体运作下进行远程合作服务。

（二）文献阅览服务

"阅览服务"指的是图书馆利用一定的空间设施，组织读者到图书馆阅览馆藏文献的服务方法。在图书馆开展的各种服务方法中，阅览服务是不可或缺的基本方法。

1. 文献阅览的特点

阅览室具有安静优雅的学习环境和良好的设施，为读者学习、欣赏、研究馆藏文献提供了方便的条件。

读者在阅览室里有多种方式利用文献。有时读者只需查阅文献中的一个段落、一条数据、一个图表或报刊中的一篇文章，如果全部采用外借方法，既费时又费力。而在阅览室里，可以直接查询，既方便又快捷。

读者在阅览室内可以利用许多不外借的馆藏文献，如各种类型的工具书、特种文献、当期报刊、古籍善本等。这对渴求知识的读者来说，具有极强的吸引力。

由于读者在阅览室里阅览的时间往往都比较长，因此阅览室工作人员有更多的机会接触读者，观察和了解读者的阅读需要、阅读倾向和阅读效果，以便于有针对性地进行文献推荐，指导阅读，为提高阅览服务工作质量收集必要的参考信息。

在阅览室的服务环境中，由于室内文献阅读的交换频率高，在短时间内，相同的文献可以被多人利用，从而可以更充分地发挥馆藏文献的作用。

2. 阅览室的类型及作用

图书馆可设置各种类型的阅览室，发挥各自的作用，并使它们形成相互配合、相互补充、有机联系的阅览室体系，全面而又有区分地满足各类读者的不同需要，这也是搞好阅览服务的基本保证。

设置阅览室的数量、类型、规模，依图书馆的实际条件和读者需要而定。一般可划分为如下几种形式：

（1）按出版物类型划分的阅览室。当前，图书馆收藏的文献不但类型越来越多，而且载体也多种多样。就文献类型来说，不仅有图书、报刊，而且还有专利、标准、会议记录等。文献的载体更是多样的，既有印刷型，也有缩微型；既有音像型，也有数字型。如果将同一出版类型文献集中在一个阅览室，就容易满足读者查找阅览的特殊需要。如报纸阅览室、期刊阅览室、工具书阅览室、多媒体电子阅览室、视听阅览室、缩微资料阅览室等。

第一，报刊阅览室。此室主要陈列现刊和当月当日的报纸。以开架陈列方式供读者在室内阅览。这里的文献资料出版周期短、速度快、内容新、情报性强、信息量大，是图书馆开设的主要阅览室。

第二，工具书阅览室。工具书一般包括字典、词典、百科全书、年鉴、手册、表谱、图录、人名录等。我们在阅读文献、分析情报资料时，往往会碰到这样一些问题，诸如不解其意的生字、专业名词术语、学者名字、某种科学理论、历史事件、年代、数据等。为了适应上述需要，图书馆收藏了大量的种类繁多的参考用书，也就是参考工具书。这些工具书一般价格昂贵、复本少，所以不外借，为了便于读者查检利用，将这部分藏书集中放在一个地方，即工具书阅览室，以方便读者随时利用。

第三，多媒体阅览室。在这种现代化的阅览室中，读者可以利用计算机浏览互联网的信息资源，或检索其他网络数据库，或通过网络访问其他图书馆的馆藏资源。

（2）按知识门类划分的阅览室。指集中某些学科范围的书刊资料，便于读者按学科需要利用文献的阅览室。包括：综合知识阅览室，哲学、社会科学阅览室，马列经典著作阅览室，自然科学阅览室等。

设置这种分科阅览室已成为图书馆阅览服务工作朝专业化方向发展的一种趋势。对于读者而言，分科阅览室已成为进行系统学习、科学研究的阵地。

（3）按读者对象划分的阅览室。为了更好地开展服务工作，满足不同类型读者的需求，许多图书馆都根据读者对象来设置阅览室。在这些阅览室内，根据读者类型的不同，陈列不同的文献，配备不同的工作人员，提供针对特定读者群的服务。如"教师阅览室""儿童阅览室"等。

（4）按文字划分的阅览室。这种阅览室主要有"中文文献阅览室""外文文献阅览室"和"少数民族文献阅览室"等。该类型阅览室的设置，主要是为了满足读者研究不同文种的相关文献提供方便条件。

图书馆所设立的各种类型的阅览室，一般都是开架阅览，读者自己选择文献，在室内阅读，用后放回原处。不允许将所阅资料带出室外。

三、图书馆文献外借、互借服务

（一）文献外借服务

外借服务是图书馆传统的服务方法，是图书馆为了满足读者的阅读需求，允许读者将馆藏文献借出馆外自由阅读、独自使用的服务方法。由于这种方法为读者提供了方便，极大地满足了读者可以集中时间阅读、利用馆藏文献的需求，因此是读者最乐于采用、最欢迎的方法。"自由安排，独立使用"是外借服务十分突出的特点。在图书馆的各种服务方法中，这是不可或缺的基本方法之一。

1. 外借服务的类型

外借服务满足读者将文献借出馆外的需求，也弥补了图书馆条件与设备不足的缺陷。根据外借服务对象、文献来源、外借方式等方面的差别，外借服务的形式如下：

（1）个人外借。个人外借是图书馆外借形式中最主要最基本的服务形式。读者可以凭图书馆发放的借书证，以个人读者的身份在馆内设置的借书处外借馆藏文献。按照读者外借文献的需求和馆藏文献的种类以及读者成分的不同，图书馆可以设置功能不同的借书处，用于满足读者的不同需求。在整个外借服务中，个人外借，从品种到数量都占外借书刊的绝大部分。

（2）集体外借。集体外借是图书馆为群体读者服务的方法。群体读者按照图书馆的规定办理集体借书证，然后由专人负责，代表小组成员或单位读者向图书馆借书处集体外借批量文献，以满足集体读者或单位读者共同阅读的需要。"集体外借"与"个人外借"不同，这种方法一次外借的文献品种多、数量大、周期长。在借阅周期内，读者可以从图书馆借出的文献中，自由地交换调阅自己所需要的文献，从而减少了个人往返图书馆外借文献的时间和困难。这种方法在方便读者、满足读者阅读需要的同时，还有利于图书馆合理安排分配有限的文献，缓和供求矛盾，节省接待读者的时间。因此，这种服务方法在图书馆中采用得十分普遍。

（3）馆际互借。馆际互借是图书馆为了满足读者阅读需求，帮助读者从其他图书馆借阅文献的一种服务方法。为了解决馆藏无法满足读者的借阅需求问题，图书馆之间、图书馆与文献情报部门之间，相互利用对方的馆藏文献，通过邮寄或直接外借等方式，为读者间接借阅所需文献。这种外借形式，不仅可在本地区范围和本国范围内馆际之间，也可发展到国际范围馆际之间，从而打破了馆藏资源流通的部门界限，也打破了读者利用文献资源的空间范围界限，实现了不同范围内馆藏文献资源共享。馆际互借是外借服务形式的一种发展方向。

（4）预约借书。预约借书是读者向图书馆预约登记某种指定需要而暂时借不到的文献，待图书馆读者所需文献入藏或别的读者将文献归还图书馆后，按预约登记借阅顺序通知读者借书。一般地说，读者一时借不到所需文献，主要原因有：①读者所需文献已经被别的读者借阅，暂时尚未归还；②读者所需文献虽然已经采购到馆，但尚未加工完毕，尚未入库流通；③读者所需文献因排架出现差错，一时无法满足借阅。预约借书可以降低拒借率，满足读者的特定需要，是行之有效的外借服务。

（5）馆外流动借书。馆外流动借书是一种采用馆外流通站、流动车、送书上门，将部分馆藏文献送到馆外，直接在读者身边开展借阅活动，主动为广大读者服务的外借形式。"馆外流动借书"扩大了文献流通的范围，方便了不能直接到图书馆借阅文献的读者，密切了图书馆与读者的联系，满足了读者阅读文献的迫切需求。目前，"馆外流动借书"已经成为许多图书馆主动为读者服务的重要方法之一。

"馆外流动借书"的具体服务方式主要有如下几种：

第一，在工矿企业、事业单位、国家机关、城乡居民点等人口相对集中的地方，建立"流通服务站"，挑选实用性强的优秀文献，采用定期交换的办法，通过"流通服务站"为读者开展借阅服务。

第二，由图书馆将经过挑选的文献装进汽车或其他运输工具，送到馆外读者集聚的地点，开展巡回流动外借服务。这种外借服务方式，是图书馆为偏远的农村、山区和远离图书馆的地区的读者开展主动服务工作的有效方式，已成为许多图书馆为读者服务的基本方式之一。

第三，针对重点服务单位、重点服务对象和那些急需文献而又不能到图书馆借阅的读者用户，图书馆采取主动送书上门的外借服务方式。这种外借服务方式深受重点读者、弱势读者的欢迎，也是图书馆为科研课题开展跟踪服务的有效方法。

上述各种外借服务方式，都是为了满足读者用户对馆藏文献的需求以及方便读者用户而开展的服务工作。由于读者阅读需要的多样性和馆藏文献的局限性，图书馆还须采取其他服务方式共同服务读者。

2. 外借服务形式

（1）闭架外借。闭架外借是指读者在借阅图书馆的馆藏文献时，自己不能进入书库自由挑选书刊，只能通过查阅目录，填写索书单，请馆员帮助提取并办理借阅手续。

（2）半开架外借。半开架外借是指图书馆根据馆藏书刊复本量的多少、是否热门书刊、是否最新到馆的书刊等情况，将最新书刊、热门书刊和复本书刊等向读者实行部分开架借阅。

（3）开架外借。开架外借指的是读者在借阅图书馆馆藏文献时，自己可以进入书库自行挑选书刊。当确定了自己需要的书刊后，请馆员帮助办理外借手续，即可携出馆外自由阅读。

图书馆采用何种"外借形式"为读者服务，各个图书馆可因地制宜，灵活掌握。一般情况下，读者需要量最大的书刊，可实行"开架借阅"；品种较少、价值较高的书刊可实行"半开架借阅"；流通量较少的过期书刊或珍贵稀少的文献可实行"闭架借阅"。从图书馆借阅体制发展来看，"开架外借"形式已逐渐成为一种趋势。从方便读者的角度考虑，凡是有条件的图书馆，都应当尽可能地采用完全开架的外借形式，为读者利用图书馆馆藏文献提供更多的便利。

3. 外借处的设置

不同类型的图书馆，可以根据自己的实际情况和条件，以有利于读者更好地利用馆藏文献为原则，合理布局与安排。一般图书馆外借处的设置主要有如下几种类型：

（1）普通外借处。普通外借处也称总外借处，它是利用图书馆的基本馆藏文献，为本馆所有读者服务的阵地。

（2）专科外借处。专科外借处是指按照不同划分标准，如学科专业、读者对象、出版物类型、文献种类等而设置的外借处。

第一，按学科划分外借处。它是按着大的知识门类设置的外借处。如自然科学书籍、社会科学书籍、文艺书籍、科技书籍等外借处，便于读者按着知识门类索取图书。

第二，按出版物类型划分外借处。如期刊、报纸、工具书等外借处。

第三，按读者类型划分的外借处。如高校图书馆，可分为教师外借处、学生外借处。

第四，按文种划分的外借处。它是依据馆藏文献语种的不同而设置的外借处。如中文外借处、外文外借处。

（二）馆际互借服务

随着科学和技术不断向广度和深度延伸，文献资源急剧增加，形式多样，类型复杂，内容也越来越广泛，加之各图书情报部门经费的紧张及书刊价格的大幅度增长，任何一个图书情报部门都难以完整、系统地收集当代文献。同时，在信息社会人们对文献资源需求的范围和数量也急剧增大，因此就不可避免地产生有限的收藏和提供能力与不断增长的需求之间的矛盾。这样就从客观上促进了图书情报部门对自动化建设与资源共享的需求，实施馆际互借服务正是为了满足这种需求。

馆际互借是图书馆之间根据协定相互利用对方馆藏以满足本馆读者需求的文献外借方式，是一种图书馆馆际合作与信息资源共享方式，是图书馆提高服务质量的重要业务。任何图书馆都不可能储藏读者需要的所有信息资源，当读者需要某种本地图书馆没有的资料时，馆际互借可将其他图书馆的馆藏作为本馆藏书的延伸，弥补馆藏的不足，实现资源共享。

1. 馆际互借现状

在高速发展信息传递技术的支持下，图书馆的管理和服务方式正在发生前所未有的变化。图书馆进入网络化以后，最引人注目的变革是读者能够迅速准确地检索到所需书刊文献。同时，读者会向图书馆提出更多的文献要求。但从目前的状况来看，受图书馆诸多因素的制约尚无法全部满足读者的要求，许多单个图书馆的藏书量与其所面向读者的借阅需求量相当。所以，图书馆不得不重新考虑规划馆际互借。

馆际互借服务的原则，即"互惠互利、平等合作"。综观世界发达国家，基本上都存在地区性和全国性的图书馆合作体系。在合作体系基础上，建立全国性的馆际互借与文献信息传递系统，并且有专门的组织管理机构协调各个系统在资源共享与馆际互借方面的合作，已是图书馆界发展的基本趋势。而馆际互借服务与文献传递在我国的正式开展是近年来的事情。现在越来越多的图书馆在开展馆际互借服务，这在一定程度上满足了读者的需求，促进了教学科研的发展。但由于我国开展馆际互借服务起步晚，这项工作还不很成熟，还存在不少问题。例如：能够进行馆际互借的文献数量和品种很少，办理手续的程序复杂，响应速度慢，读者群单一，馆际互借缺乏权威性组织的协调和有效法规的规范等，这些都需要借鉴国外先进经验逐一解决。

目前图书馆馆际互借工作发展迅速，我国图书馆界在图书与期刊价格上涨，而文献购置经费相形见绌的情况下，对资源共享的呼声越来越高。在借鉴国外成功经验的基础上，我国图书馆界在馆际互借方面也做了大量的工作，如北京、上海等地已初步建立了地区性的互借协作。各项制度和政策更趋于条例化、规范化和网络化，为馆际互借文献创造了良好的运行环境。

2. 馆际互借的必要性

计算机技术使文献信息服务日臻完善，文献信息的数据化、非静态化促进了读者借阅兴趣的上升和阅读质量的提高。为了满足读者更高更广的阅读要求，我国图书馆界必须开始规划以崭新的面貌开展馆际互借工作。从目前我国国情来看，开展馆际互借有着多方面的必要性和迫切性。

现代图书馆已不再把实体馆藏拥有量作为衡量事业发展规模和效益的重要指标，而是将文献信息资源的获取能力和读者对文献信息需求的满足率作为衡量办馆效益和服务质量的重要评价指标。馆际互借工作是现代图书馆弥补馆藏资源不足、提高资源供给能力、最大限度满足读者文献信息需求的重要途径。这一服务方式历来受到各级各类图书馆工作者和理论研究者的重视。随着图书馆自动化、网络化、数字化的发展，图书馆之间的物理距离在日益缩短，图书馆文献信息的传输几乎不再有时间和空间的阻隔，文献信息传递的现代化、快捷化为图书馆开展馆际互借工作提供了更多的便捷条件。在新的文献信息传播交流模式下，图书馆加强和深化馆际互借工作显得更加必要而富有现实意义。

馆际互借是在计算机网络环境下发展起来的一种互借形式，其意义表现包括：①互补馆藏，实现文献信息资源共享。馆际互借是读者便捷有效地获取文献信息的重要形式，是图书馆之间根据协定相互利用对方馆藏来满足本馆读者需求的一种文献外借方式。②推动图书馆现代化建设。图书馆自动化与文献资源共享两者互为依托，相辅相成。加大对馆际互借现代化所需硬件、软件及人员培训的投入将加速图书馆现代化建设，是图书馆现代化建设的一个重要组成部分。实现图书馆自动化，改变传统的手工方式，利用先进的计算机、数据库、网络等技术，完成馆际互借工作。③在图书馆经费紧张的情况下，馆际互借是对图书馆经费不足的最好补充。

第四节　图书馆读者导读工作的开展

导读工作是图书馆读者服务工作的重要组成部分，直接关系到读者服务工作的质量，是图书馆与社会相互沟通文献信息的中介，它能激发读者潜在的求知欲，从而加强馆藏文献资源的开发与利用。导读工作是搞好情报服务的重要举措。在新的形势下，图书馆"重藏轻用"的旧观念正在改变，服务方式正在由"被动"变为"主动"。

一、导读的基础认知

（一）导读的性质

导读的性质可以从馆员和读者的行为方面来加以概述。

第一，导读是馆员与读者互动的深入。"互动"即馆员与读者之间通过"中介"的相互影响和作用，这里的"中介"是图书、文字、语言、行为等。这种"互动"按其由浅入深的顺序可以分为三个阶段：①简单互动阶段。这一阶段中馆员与读者主要是借还书关系，双方没有思想上的交流，互不了解。②相互渗透阶段。这一阶段中，馆员通过设置借阅登记系统对读者的借阅行为进行统计分析，研究读者的个体和群体情况及借阅倾向等规律，其"中介"主要是读者登记、图书目录、开架借阅和书目宣传等系统，读者则通过上述系统来了解图书馆的业务行为。这一阶段馆员与读者之间仍然是一种间接的行为交流。③直接交流阶段。随着图书馆功能的逐步完善，馆员与读者之间通过各种咨询活动、报告会、讨论会，甚至通过科研合作等形式进行经常的语言交流。通过这种直接交流，馆员对读者的阅读心理和行为施加干涉和影响。这是一种较深层次的直接和及时的导读活动。

第二，导读是馆员有目标、有计划地参与读者阅读过程的活动。按读者阅读受外界影响程度的不同，阅读可分为自发阅读、启发阅读和指导阅读三种。自发阅读是读者根据工作、科研和生活的需要，无确切目标和意向的阅读行为；启发阅读是读者在自发阅读思想产生以后，在分类目录系统、文摘索引、宣传辅导系统等影响下，缩小范围后选择性的阅读行为；指导阅读是读者在产生了自发的或原始的阅读思想后，通过与馆员的咨询，或通过参加专题讨论会、报告会等，具有较准确的阅读目标和阅读内容的阅读行为。三种阅读活动，只有指导阅读效果最佳。所以，导读应是馆员针对不同读者的具体情况，通过语言交流和参与阅读活动而帮助读者进行阅读的活动或过程。

（二）导读的主要原则

导读是图书馆读者工作的核心和灵魂。其任务在于提高读者掌握与运用文献的能力，从而提高阅读效益，导读必须遵循如下原则：

1. 针对性原则

由于读者数量庞大，类型结构复杂，千篇一律的导读难以取得切实的效果，因而必须在研究和区分读者的基础上，针对不同读者的特点来进行导读，以加强针对性，克服盲目性。图书馆员要根据所学不同专业以及不同的心理状态，即知识结构和思维规律等特征进行特定内容和方法的导读，这就是针对性原则的要求。

2. 科学性原则

导读作为一种对读者的教育活动，必须以当代科学的最新成就为基础，主要体现在三个方面：

（1）在阅读内容上，要宣传和推荐反映当代科学与技术水平的优秀文献，掌握相应学科或特定范围内的主要著作与最新文献，从而使读者以最少的时间和精力获得最系统、最先进的知识。同时，还要帮助读者提高对文献质量的识别能力。

（2）在阅读方法上，要根据各类型读者群的阅读动机、兴趣、目的与相应的心理特点，根据认识过程不断向深向广发展的规律，循序渐进地使读者掌握科学的阅读方法。要使读者通过实践学会科学地运用各种阅读方式，以及知识信息的加工整理方法。

（3）在阅读指导思想上，应以辩证唯物主义和历史唯物主义的观点来指导阅读。

3. 主动性原则

导读的主动性日益突显，已经成为当代图书馆读者工作的一个显著特点。导读的主动性要求馆员主动了解读者的需求，并予以相应的指导。导读并不是一个单纯的传授与灌输的过程，而必须注意启发与引导，对读者的主观愿望也不能无选择地全部满足，而必须根据图书馆的任务和社会进步的客观要求，使不恰当的愿望有所转化。凡此种种，都要求导读必须贯彻主动性原则。

二、读者导读工作的意义与方法

（一）导读工作的意义

图书馆要真正发挥自己的职能，使有价值的文献资源得以充分利用，不引导读者去正确而有效地阅读是不可能实现的；图书馆要成为未来社会知识产品的分配中心，不开展导读工作也是不可能的。从图书馆内部工作来看，导读工作是图书馆读者工作中最积极、最富创造力，而且是前景最广阔的一项工作；导读工作与情报服务工作像并驾齐驱的两辆马车，合力将图书馆读者工作拉向一个更高的层次；图书馆要开展主动服务，除了协助和辅导之外，我们更应重视导读工作，这反映了一个馆人员的素质和业务水平。

时代发展到今天，人们对新知识、新信息的需求越来越多，任何一个人都不可能单纯从课本上学到自己一生所需的全部知识，信息时代要求每个人不仅仅满足于学校的学习，而是要求每个人都应不断地更新知识，即接受终身教育。因此，获取信息的能力，尤其是自我学习的能力，是跨世纪人才应当具备的基本能力。引导和培养读者的自学能力历来是图书馆义不容辞的责任。图书馆不仅要把书刊提供给读者阅读，更重要的是要把如何利用图书馆的金钥匙交给读者，使读者学会有目的地检索、搜集、分析文献信息的方法。具体来说，图书馆开展导读工作的意义可归纳为如下几个方面：

第一，导读工作是图书馆有特色的深层次服务。未来图书馆强调文献的传递，而不是贮存，人们将根据图书馆所提供的服务而不是其所拥有的财产来评价它们。因此，注重读者、注重服务、追求服务效益将是做好导读工作的目标，也是图书馆在 21 世纪的立身之本和竞争之道。

处在网络环境和知识经济时代，用户的生活和工作节奏都很快，时间非常宝贵。读者进入图书馆的任何一个部门都希望能快、准、全地查找到所需信息。如果每个图书馆都拥有一批业务水平高、经验丰富的导读馆员，他们对馆藏文献了如指掌，掌握网上信息的搜索技术，能对读者阅读进行及时、必要的指导，并且能为读者提供他们所关心问题的进展情况，就会帮助读者在借阅活动中少走弯路。这样，就会形成其他机构如网吧、书店等场所都无法具备的优势。因此，导读工作是图书馆有特色的深层次服务。

第二，从图书馆教育职能的特点出发，我们认为坚持以"书"育人，发挥馆员主动性，有目的、有计划、有步骤深入而系统地开展导读工作，是图书馆补充应试教育的不足、发挥素质教育职能、参与并服务教育的主导途径。可以说，开展导读工作是图书馆由被动服务向主动服务转变的标志，是图书馆读者工作的重要内容。导读工作的好与坏已经成为衡量图书馆办馆水平的重要标尺。图书馆教育职能的特点决定了图书馆导读工作必须根据自身的优势，紧紧围绕丰富的馆藏信息资源做文章。这一点，既有别于耳提面命的课堂教学，也有别于党政部门紧跟形势所进行的政治理论宣传教育。

衡量一个图书馆工作水平的基本标志是其服务质量的高低，归根到底是图书馆投入与产出效率的高低。导读工作是根据社会发展的要求，采取各种有力措施主动吸引和诱导读者产生阅读行为，并积极地干预和影响其阅读行为，从而提高读者的阅读意识、阅读能力和阅读效益。导读工作是图书馆履行其职能、提高其服务质量的有效手段。

读者是图书馆永恒的主人，图书馆的所有工作都是围绕读者需求而运作、进行的，所以探讨图书馆导读工作，对于充分发挥图书馆的功能、提高图书馆利用率都具有十分重要的意义。

（二）导读工作的方法

导读工作开展得如何，将直接影响着读者利用图书馆，并制约着图书馆整体效益的发挥。导读工作可采用多种形式、多种内容，以期达到宣传优秀书刊，激发广大读者的阅读兴趣，提高图书馆文献的社会效益或经济效益。

导读的方式很多，它不仅有语言性导读、文字性导读、实物性导读，而且还包括声像性导读和综合性导读等。其种类主要可归纳为书目参考咨询服务、各种形式的借阅指导、图书宣传工作、指导检索目录等。对不同的读者对象应采取不同的导读方式。

1. 辅导读者合理利用图书馆

导读工作是通过引导读者合理、科学、正确地利用图书馆及图书情报，来达到预期的社会教育目的。第一次进图书馆的读者没有接触过浩瀚的藏书，不了解图书馆在教学科研方面的地位、作用，这时图书馆工作人员可向新来读者介绍图书馆的性质、职能、任务和发展概况，讲解图书馆藏书结构及使用方法；介绍本馆的服务设施及分布、服务手段、借阅规则、目录体系及检索方法等，使读者初步树立起图书情报意识，吸引他们步入图书馆，受益于图书馆。介绍方法可采用集体讲座形式，或把读者请进来边参观、边现场讲解，或者印发"图书馆读者指南"，或者放录音、录像等。

2. 传授阅读方法，提高阅读能力

我们既要帮助读者使用正确的读书方法，又要培养他们学以致用的创新能力，培养他们自主学习、独立思考研究的能力。

导读工作是一种教育性质的工作，这种性质决定了图书馆要利用自己的资源优势，开展读者教育。古人曰：授人以鱼，只供一饭之需；教人以渔，则能终身受益。导读工作就是教人以"渔"，从而使读者在书的海洋中能自由地畅游。

传授阅读方法，提高阅读能力，开发读者潜能是图书馆导读工作中借阅指导的重要内容，也是终身教育的必备条件。

（1）阅读观念的教育。阅读观念是指读者对阅读的看法、态度，它影响着一个人的阅读数量和阅读质量，是阅读活动的动力。因此，在导读工作中，首先就要教育读者树立正确的阅读观，端正阅读态度。把阅读观当作人生观的一部分来对待，倡导终生阅读、系统阅读、联系实际地阅读。

（2）传授阅读方法，提高阅读能力。基本的阅读方法主要有略读、概读、导读、精读等。阅读能力主要有记忆能力、理解能力、评价能力、快读能力、文献检索能力等。这些方法和能力的培养应该贯彻到导读工作的每个环节之中，同时要通过各种方式，组织一些活动和竞赛引起读者的重视，让读者认识到这是自我发展和自我完善的必备素质。

（3）开发读者的阅读潜能，激发读者的阅读兴趣，培养他们的良好阅读习惯，克服一些读者多变、不稳定的阅读兴趣，强化阅读意识，把读者潜在的阅读需求激发出来。

3. 各种形式的借阅指导

（1）不同文献的特点以及查阅文献的方法和途径。对青少年读者要引导他们有系统地阅读书刊，不断提高阅读能力和效率。总之，导读工作要以提高读者查阅和利用文献的能力以及他们的阅读修养及阅读效果为主要目标。

（2）了解阅读需求。要搞好导读工作，必须了解读者的阅读需求，做到心中有数。将此项工作建立在读者阅读需求的基础之上，这就要求图书馆把调查读者的阅读倾向当作一项经常性的工作来抓。比如高校图书馆，至少每学期应搞一次这样的调查，以便在此基础上制订可行的导读工作计划，使这项工作开展得确有成效。在开展导读工作中，虽然有图书馆"干预"和"扭转"读者阅读兴趣的一面，但同时也存在"顺应"读者阅读潮流的一面，这两个方面的工作都很重要，不可能只强调一方面。

（3）指导阅读目的。教育读者树立正确的阅读目的及指导他们"怎样用书"，是导读工作的重要内容。读者走进书刊辅助书库后，可以进行广泛的阅读和涉猎，起到消化、充实、扩展课堂学习内容的作用，还能开阔视野，增加信息量；尤其是第一次进图书馆的读者，什么书都想看，或者面对书海，不知要看什么书，而对自己真正想看的书缺乏针对性，图书馆有责任帮助他们克服借阅中的盲目性和随意性，做好借阅的向导。

（4）激发阅读兴趣。导读是对读者进行读者教育的基本方法之一。教育效果如何取决于激发读者阅读兴趣的效果，取决于图书馆文献资源开发利用的深度和广度，图书馆既要提高现有读者群的借阅兴趣和求知欲望，还要激发潜在读者群的阅读兴趣。图书馆要千方百计地创造条件，向潜在读者提供合适书刊；通过建设良好的读书风气，启迪潜在读者的借阅兴趣；研究、了解潜在读者在知识积累中的空白，有的放矢地为他们提供所需导读书目和书刊文献；在提供专业知识书刊的同时，还要提供有开拓意识和竞争意识的图书文献，把他们吸引到图书的海洋里来。

第五章　图书馆读者服务水平的提高

第一节　图书馆读者服务的沟通技巧

为读者提供更多更好的服务是图书馆的主要目标之一，如同众多企业需要与顾客保持沟通①一样，图书馆也需要与读者保持沟通，才能更好地实现这一目标。

一、沟通的内涵、类型与过程

（一）沟通的内涵

沟通管理作为项目管理行为的一种要素，是贯穿于项目管理的整个过程的。项目阶段中的开始、计划、执行、反馈以及管理过程中的组织、协调、领导、控制、决策都与沟通密切相关。沟通理论的建设与发展经历了从萌芽到快速发展再到飞跃的过程，最终到今天形成了目前以信息革命和网络技术为基础的现代沟通理论。沟通的内涵可从以下几个方面进行理解：

第一，沟通本质意义在于传递，但不仅是要传递信息，更需要该信息被正确理解。实际情况是对于信息的接收方，需要正确理解对方的意思，但完全可以不同意对方的思想或者观点。因为沟通的双方能否达成一致并不取决于信息沟通的准确性，而在于沟通内容的本身，双方是否在理念或者认知观上保持一致。

第二，信息沟通所表达的内容至少包括四方面的要素：事实、情感、价值取向和意见观点。通过沟通，双方交流的内容不仅包括信息，同时还包括意见、情感、价值取向等。

根据管理学理论，沟通是指人与人之间传递信息、思想或感情的过程。简言之，是将信息由一人传达给另一人。有效的沟通不仅指信息被成功地传递出去，而且指信息被正确地接收和理解。沟通的目的就是让信息接收者及时、准确地理解信息发送者所传递的信息。

---

① 21世纪，伴随着计算机网络技术的飞速发展，越来越多的企业意识到了与顾客沟通的重要性，提出类似"沟通无限，服务无限"的口号，并且借助网络，不断拓宽沟通渠道，从而了解顾客不断变化的、千姿百态的需求，为招揽顾客、丰富服务方式提供了坚实基础。

一般沟通过程包括：信息源、沟通目标、信息渠道、信息接收、反馈以及过程中存在的干扰。具体地说，信息沟通的过程为信息源（信息发送者）将要传递出去的思想、观念、想法、情感等信息内容，编制成接收者能理解的传递符号。如语言、文字、图片或身体语言等，通过适宜的传递方式如文件、报告、谈话、电话、身体语言等传递给接收者，接收者收到信息后回译成自己的思想，反馈给发送者。在信息传送过程中还有由多方面因素引起的干扰。信息反馈是必不可少的，它可以检验信息传递的效果。

沟通是管理的一个重要手段，在社会组织中，任何团体、组织的目标实现都必须以信息沟通作为保障，信息沟通顺畅与否直接关系到组织管理的有效性。

（二）沟通的类型划分

由于沟通的复杂性以及在现实生活中沟通主体、客体、媒介、形式、环境等具体因素的多样性和可变性，本书的撰写研究根据现有的沟通理论综述发现沟通有不同的类型可以根据不同标准进行划分，具体来说主要有以下几个不同的类型划分：

第一，单向沟通和双向沟通。根据目前沟通的现状，沟通发送者对已发出的沟通是否出现信息反馈，可以把沟通分为两种：①单方面的沟通；②双面即有可回复的沟通类型。

第二，正式沟通与非正式沟通。根据目前大多数企业的管理机制和对沟通管理的规范，根据国家的相关政策规定，可以把沟通分为正式沟通和非正式沟通，也可以叫官方沟通和非官方沟通。

第三，语言沟通与非语言沟通。根据目前已有的沟通方面的研究，无论是企业还是个人沟通的方式一般是语言沟通与非语言沟通，非语言沟通大多是指其他媒介沟通方式。

第四，下行沟通、上行沟通、平行沟通以及斜向沟通。根据目前大多数企业的管理方式和企业所采用的管理体制，把沟通分为了上级沟通、下级沟通、平级沟通和跨级沟通。

（三）沟通的过程

任何形式的沟通都有一定的基本过程，它是通过一定的主体和渠道来实现，其中沟通信息和感情交流的发送与接收者是沟通的主体，而沟通的主体双方通过一定的步骤和方式来实现信息的传递和感情的交流则是沟通的渠道体现。

沟通过程始于信息的发送者，在社会活动中主动者是信息的发送者。他们把信息发送给信息的接收者。由于信息的接收者事先并不了解发送者头脑中的所思所想，所以信息发送者必须把他的观点或思想转成信息代码发送给接收者。

信息代码的传递方式可以是面对面的，也可以是通过电话或书面形式进行。信息接收者在接到信息代码后，对编码后信息进行解释处理，以试图了解发送者的真正含义。在沟通过程中，还可能出现干扰信息，被称为噪音，它会影响沟通的质量。由于沟通过程是双向进行的信息交流过程，所以信息接收者在接收发送者的信息后，必须要有所反应，这种反应被称为信息反馈。

二、图书馆读者服务沟通

图书馆服务活动的顺利进行，离不开有效的信息沟通，信息沟通在图书馆服务活动中起到了桥梁、纽带作用。在图书馆服务过程中，图书馆要针对其读者开展服务沟通，因为在服务过程中读者的需求是多样化的、复杂的，一个馆的服务不可能都满足或及时满足每一个读者的需求，这就需要图书馆与读者之间进行有效的沟通。当然，图书馆的服务沟通不只局限于图书馆与读者的沟通，它还包括图书馆内部的沟通、图书馆与社会的沟通。

（一）读者服务沟通的重要性

1. 了解读者最有效的方法

解决信息资源的丰富性与读者对信息资源的特殊性需求，永远都是图书馆工作的主要矛盾。读者要通过图书馆员来达到利用文献解决问题的目的，图书馆员要对读者的信息行为进行研究。所谓信息行为就是指读者为了满足某一特定的信息需求，在外部作用刺激下表现出的获取、查寻、交流、传播、吸收、加工和利用信息的行为。这种"行为"在实施过程中如果合理接纳吸收了图书馆员的"干预"就能够更充分地利用图书馆的资源，更完美地解决问题。通常我们对读者心理、需求动机、信息环境及相关干扰因素等方面进行的归类分析研究，主要是一种概括性的定性研究，基于这种研究提供的资源与服务更适合满足"共性"的需求。

读者是千差万别的，无论是需求的多样性还是利用图书馆的能力差异，都极具个性色彩，往往需要更具体、更深层次的服务，馆员的"干预"就是与读者建立一条沟通渠道，是一种最直接最有效的方法。通过沟通发现读者的误区，及时提供帮助。在沟通过程中，馆员还可以凭借对信息的敏感性去挖掘、发现读者尚未提出的需求，也就是"刺激"隐性需求，提供更主动、更超前的服务。

2. 推行图书馆服务最快捷的渠道

进入信息化和网络化时代，大多数图书馆除了传统的借阅服务方式以外，大都在开发各种服务手段上花费了大量的人力、物力和财力，从馆内文献提供到馆际文献传递，从检索服务到读者培训，全方位地为读者提供各个层次、各种方式的服务。

图书馆每年都会组织各种活动，推出一些创新服务。如果每个读者都能够很好地了解利用这些服务，就能够扩大需求的满足，图书馆的服务效益也可大大提升。可事实往往是很多具有创新性的服务项目并不为读者所熟知，或者并没有得到读者的青睐与认可，更没有像图书馆希望的那样得到广泛的应用。图书馆与读者在新技术、新项目的认知上存在一定的差距，造成需求与服务错位，解决这个问题最方便快捷的渠道就是与读者及时沟通，有的放矢，加强服务的有效性。

3. 培养读者最直接的方式

图书馆随着信息网络技术的发展，不断地变换服务的内涵，扩大服务的外延。素质高、能力强的读者能更好地利用图书馆，也有助于我们提高工作效率，但好的读者素质是需要培养的，适时、高效、准确地和读者沟通，是了解读者、培养读者的最佳途径。

对于图书馆员来说，沟通能增强馆员与读者彼此的了解和信任，准确把握读者的信息需求，及时调整更新服务方式，提高服务质量。而读者通过沟通，了解图书馆的资源配置、服务内容、规章制度等，能更好地得到图书馆员的帮助，更快地满足自己的需求，也有助于提高自身素质。这样可以在图书馆内形成一种相互促进，共同提高的良性循环。

4. 提高工作效率

在高科技时代，图书馆工作的目的就是要在新的技术条件下努力实现知识的获取、知识的发现、知识的共享、知识的传播与利用。要想实现以上目的，沟通这一服务职能不可或缺，通过沟通进一步地提高工作效率，更好地为读者服务。

5. 决策更加科学合理

科学的决策来源于对信息的全面掌握，良好的沟通是实现全面掌握信息的必要条件。任何的决策都要把它转化为具体的实际行动，准确的信息是决策的基础，否则将会产生决策失误。

6. 改善人际关系

良好的沟通与人际关系的建立是有直接影响的。在图书馆工作中，每个人都是集体的一分子，都不能脱离组织而独立存在，必须为某种需要而进行信息交流和沟通，减少冲突、消除误会、化解矛盾，从而改善和融洽人际关系。

7. 减少读者投诉

通过与读者沟通，根据读者所反映的情况，馆员可发现自身工作中的不足之处，有针对性地改善工作，提高服务技巧，改善沟通方式，不断提高为读者服务的能力，以此来减少读者投诉。

(二) 读者服务沟通模式

第一，口头语言沟通。口头语言是人类最重要的交际工具，也是最有效的一种沟通方式。在实体图书馆服务活动中，每天馆员要与读者进行密切接触，所以要充分利用语言这一最简单、直接、有效的沟通方式与读者进行沟通，最大限度地解决他们的文献信息需求。

第二，体态沟通。体态沟通是指运用手势、表情、眼神、举止、姿势等动态无声语言传递信息的交往方式。体态沟通在人际交往中起着重要作用，良好的体态可以弥补语言沟通中的不足。图书馆员要想与读者进行沟通，不仅要重视自身语言沟通的感染力，还要善于运用体态语来表达。

第三，环境沟通。环境所能引起的与人之间的共鸣，诱导人们行为的作用越来越受到重视。读者一进到图书馆，图书馆的建筑、设施设备、布局、绿化、馆藏资源等就在无声地影响着他们，也在与读者进行着无言的沟通。因此，我们应该重视外在形象与内在服务水平的结合，既要不断提高、强化馆员自身素质、服务水平，也要营造一个良好、舒适的借阅环境，求得读者与图书馆的和谐共处。

第四，会展沟通。在工作中，图书馆还可以通过更多的途径和方式进行与读者的沟通，如举办读者座谈会，更多地了解读者需求，是馆员贴近读者的一种有效途径。我们可以平时多加留意，熟悉一些富有代表性的读者，定期或不定期地将他们召集来，与流通窗口的馆员一起交流，听取他们的意见和建议。还可以通过举办讲座和展览等形式，加强读者与图书馆的联系和感情。

第五，调查沟通。问卷调查是图书馆经常使用的一种调查沟通方法。通过读者对问卷中选定的具有普遍代表性问题的回答，可以比较全面地了解读者的实际需求，以及他们对图书馆工作的期望值。图书馆可以设计一些较有代表性、针对性强的问题，如服务态度、服务水平、文献需求等，在读者中进行问卷调查，从而可以更有针对性地改进服务中的不足。

第六，宣传资料沟通。图书馆可以通过编印小册子、活页等形式，将图书馆的文献情况和读者需要了解掌握的信息发布出去，让读者知道。

第七，网络沟通。随着计算机和网络技术在图书馆服务中的普及图书馆基本都建立了自己的主页，读者也非常热衷于利用网络了解、利用图书馆。因此，我们可以利用网络技术展开与读者的交流和沟通，如在自己主页上设立"读者留言""意见箱""意见与建议"等。网上沟通也不仅仅限于对读者的回复，馆员也可以主动地在 BBS 上发帖，就一些读者反映较为集中的问题进行讨论，或者是把他们工作中的感受写下来，让读者能够更深一层地认识图书馆服务工作的内涵，加强相互之间的理解，形成良性的互动关系，以便更深入地做好服务工作。

第八，活动沟通。图书馆定期举办各种知识讲座，开展读书竞赛、微笑服务周、图书馆宣传月等活动，尽量让更多读者参与进来，这些都是馆员与读者之间有效的活动沟通。通过这些面对面的交流，可以强化图书馆与读者之间的良好沟通，进而建立一种彼此信任的心理相容的关系。

第九，管理沟通。读者组织作为图书馆与读者之间的一个中介，可让读者有机会参与图书馆的各项工作与活动，在图书馆与读者之间架起一座有效的桥梁。如，可以通过成立有读者参加的图书馆管理委员会，招募义务馆员等形式吸引读者参与图书馆的管理工作，有利于加强相互沟通，改进服务。

三、读者服务沟通技巧与语言艺术

读者服务的语言艺术是指服务工作人员通过语言、语气来表达思想和情感，使读者对服务过程和服务结果满意的手段、技巧和规律。

（一）读者服务沟通技巧

1. 口头语言沟通技巧

（1）口头语言沟通技巧

第一，运用爱的语言。爱是最好的老师。读者抱着求知的欲望进入图书馆，对馆员提供的服务工作期望值很高，但他们对图书馆收藏的文献又缺乏深度了解，这就需要馆员及时的指点和帮助，以消除他们在知识海洋中感到的迷茫和苦恼。因此，馆员对读者应当用亲切、诚恳、商量的口吻与之交流，使他们在接受服务时有一种回家的感觉。

第二，运用美好的语言。语言是一个人道德观念的显露，也是一个人文化底蕴和心理活动的反映。馆员是图书馆教育主角。事实上，读者也把馆员当作老师看待。馆员的言行举止都会对读者起着示范作用。馆员要学会尊重读者，善于用美好的语言去打动读者的心扉。

第三，运用规范、文明的服务用语。规范、文明的服务用语是展示馆员风采的一面镜子，也是树立馆员形象的一个重要因素。所以在服务中馆员要切记把握语言的分寸、得体。合乎规范的文明服务用语是拉近读者与馆员间距离的一把有效的钥匙。

（2）口头语言表达方式。

第一，亲切的招呼语言。来有迎声，问有答声，走有送声，这是图书馆服务语言的基本要求。当读者走进图书馆时要主动致以"您好""早上好"等问候。一方面避免了读者因不熟悉情况而造成的茫然和乱碰乱拉等现象；另一方面，还可以给读者以良好的印象和心情。

创造一种良好的气氛，促使馆员和读者的关系更加融洽。当读者离开时，特别是老年、少年读者，一句"您慢走"之类的话语，必然给读者以温馨的感觉。这样不仅可以提高读者利用图书馆的热情和频率，而且通过馆员的礼貌待人，语言文明，使图书馆的声誉得到维护，从而进一步扩大了图书馆的影响。

第二，热情的介绍语言。介绍是社会交往中人们相互认识，建立联系的必不可少的言语活动，它是一种具有实效的宣传方式。图书馆每天都要接待不少的读者，无论是新读者还是老读者，对于图书馆的情况都有不够了解的地方，馆员就要发挥自己在这方面的专长，用适当的说明性语言主动介绍本馆的设置情况、借书方法和借书规则、图书馆目录的种类及查目录的方法、各种参考工具书的利用等。通过介绍，人与人之间的和谐关系开始产生，创造一个轻松、愉快的氛围，可以增强人与人之间的信任度。

第三，礼貌的解释语言。读者对图书情报资料的需求是多种多样的，个别读者的需求在得不到满足时容易产生焦虑、急躁的心理，从而产生对图书馆员的不满情绪，在这种情况下礼貌的解释语言是消除读者误会的好方法。现在实行开放借阅，读者可以通过书目检索机器查询到图书位置，只要馆员在工作中，真诚地对待读者，巧妙地使用文明礼貌的用语去处理各种分歧，会得到读者的理解和认同的。

第四，幽默的化解语言。幽默的语言在矛盾中能发挥它的特有作用，它能够起到调和气氛，淡化矛盾，进而解决问题的作用。

在处理读者违章借阅的情况时，更宜使用幽默诙谐、轻松活泼的语言，既维护规章制度的严肃性，又避免了直接发生冲突，使对方在发笑之余理解馆员的一片诚心，从而愿意配合执行规章。

2. 文字语言沟通技巧

文字语言沟通是无声的语言沟通，书面语言沟通是以文字为媒体的信息传递，形式主要包括文件、报告、信件、书面合同等，书面语言沟通是一种比较经济的沟通方式，沟通的时间一般不长，沟通成本也比较低。这种沟通方式一般不受场地的限制，因此被广泛采用。这种方式一般在解决较简单的问题或发布信息时采用。

在当今世界，除了传统的书面语外，还有时兴的网络书面语。使用书面语时，要十分注意文字修辞力量，因为我们用书面语，同样是想说服别人，认同我们，愿意与我们合作。

3. 体态语沟通技巧

体态语是一种无声的语言，它有交流思想、传达感情、传递心灵信息的职能。在工作与日常生活中，馆员的举手投足、身姿、手势，甚至扬眉抬眼的一刹那，都传递出大量的无声信息，显露出心中的真实情感。因此，体态语在人际沟通中有着举足轻重的作用。在图书馆的服务中，运用得当的体态语，定可以取得事半功倍的效果。

（1）微笑沟通。微笑是人类最美的表情，它折射出人们内心的友善和真诚。微笑除表示友好、愉快、欢迎之外，有时还可以表示歉意、拒绝或否定。面对诚挚的微笑，读者会有"如沐春风"的感觉。馆员在与读者交流的整个过程中保持微笑表情，读者会感到馆员是乐意为他服务的。就算有时不能满足读者的需求，也要微笑地做出解释，让读者心理上能得到慰藉。总之，微笑会使你的交往更有魅力，你的微笑会从读者那里换回更多微笑，从而也使你的心情变得更加舒畅。

（2）目光沟通。眼神是人们在表情中表达能力最强的，它有着语言无法替代的效能。读者进来时，馆员眼中要流露出亲切和善的目光，让读者心感亲切，对馆员有一个好印象。在与读者交谈时，要与他保持经常的眼神接触，使之感到馆员正在听他讲话，专心地与他交谈，有宾至如归的感受。在沟通过程中，读者的许多信息，馆员可通过他们的眼神和表情去搜索、去捕捉、去分析。

（3）倾听沟通。我们交流时应注意听说结合。学会虚心地、耐心地倾听他人的讲话，不轻易打断别人。人们在交流时，如对方心不在焉地在听，你一定会不满意，如对方在洗耳恭听，甚至有会心的微笑，你就会觉得受到了尊重。所以，在与读者交流时，馆员一定要全神贯注地听对方的"内在声音"，这不仅可较好地理解他的意图，更重要的是可使他感受到尊重，愿讲真话，愿与馆员友好交往。使馆员也可在倾听中不知不觉地获取信息，思考对方的意图，争取时间做出恰如其分的应对。

（4）有声的辅助语言和类语言沟通。有声的辅助语言和类语言是指辅助修饰成分。辅助语言主要包括声音的语调、音量、节奏、变音转调、停顿和沉默等，类语言是指那些有声而无固定意义的声音。辅助语言和类语言在人们交往中的运用，为双方的相互理解提供了语言交往中所不能提供的含义，加深沟通的情感色彩。在服务工作中，馆员对读者只能用低声调、小音量和慢节奏的辅助语言。说话时用上必要的音色和亲切、高兴的音调，这样，就容易得到对方的信任和合作。

（二）读者服务沟通语言艺术

第一，语言艺术体现了图书馆工作人员的文化素质和个人修养。语言是体现个人文化素质的主要方面，同时也是个人修养的外在表现。

第二，语言沟通体现了图书馆工作人员的工作水平。良好的语言表达是个人沟通交往能力的重要体现，在图书馆工作中，图书管理员的语言表达能力及与读者的语言沟通技巧水平，是决定着其工作能力层次的关键，一个称职的图书管理员，不仅能够做好图书管理工作，更能够与读者产生良好有效的交流环境，出色地化解工作中的不和谐因素。

第三，善于倾听注重语言气氛表达。在现实生活中，不同的表达方式或者语气而产生完全相反的作用，这就要求图书馆工作人员要注重语言表达效果上的作用，针对不同的读者采用不同的语言语境，体现语言的巧妙性，使表达具有艺术感，只有这样，语言沟通交流的作用才能真正实现。

图书馆工作人员在语言语气表达上，要惯用陈述句和疑问句，陈述句能够体现工作上的专业性，疑问句则侧重展现工作人员的谦虚和诚恳态度。说话过程中，工作人员要自然地保持微笑，在这样友好的语言环境下，读者会对图书管理工作表示理解，情绪上也不会有太大的抵触了。

在借还书时经常会遇到有的读者喜欢在书刊上做标记的情况，对有这种不良习惯的读者，馆员一定要讲究语言说教方式方法，尤其是现在的读者自尊心都比较强，如果在大庭广众下训斥，势必导致适得其反的效果。因此，工作人员最好能够将本人叫到身旁，规避开其他读者的视线，以谈心的方式告诉他要爱护书籍，那样不仅影响书的美观，而且影响其他读者阅读该书。这样既达到教育的目的，而且容易让读者接受。总之，图书馆服务本着"有理、有利、有节"的原则，尊重读者，以理服人。

第四，巧妙运用幽默型语言化解干戈。幽默化的语言是融洽交流气氛，在图书馆工作的馆员，如果善用幽默，并使幽默富有一定的内涵，让读者去回味，那么，这样的幽默语言可称得上是较高层次的语言艺术了。对于图书馆服务来说，一句简单的玩笑话就可以带来与读者交流中的轻松愉悦氛围。如当许多读者排队借书，计算机运行却很慢时，为了化解读者长久等待的烦躁情绪。说话时保持微笑，风趣的语言，使服务气氛变得活泼诙谐，同时增加了图书馆员的亲和力。

第五，形成良好的肢体语言表达效果。肢体语言是口头表达的重要辅助，同时肢体语言也可作为交流方式而独立存在，一个人的举手投足或者站立坐姿都可以展现其精神素养，肢体语言的细节往往更能直接表达一个人的情绪。

对于图书馆服务来说，馆员要站有站姿坐有坐姿，良好的姿态，可以增强自身的亲和力。

总之，图书馆服务是面向读者的语言和行为模式，从某种角度上来说，图书馆工作人员的职业素质能够直接彰显图书馆的文化气质和底蕴。在图书馆服务中，语言是最直接的交流工具，面对读者的语言交流技巧，倡导语言的艺术化表达，面对千差万别的读者，语言的艺术化却能够以不变应万变。因此，这就要求馆员要加强学习，不断提高语言表达的艺术性，使图书馆服务更有效地服务于读者，让图书馆在精神文明建设中更有效地发挥其应有的职能作用。

第二节　图书馆读者服务细节的处理

一、图书馆读者服务的细节管理意义

在图书馆的支持下，满足读者阅读的需求，使其精神世界得以丰富。图书馆能让教师获取教辅资源，进而为科研工作而做出贡献。在新时期中，新媒体环境冲击了图书馆建设，读者利用智能设备便能阅读、查阅一些文献资料，前往图书馆的读者人数会变得更少。为寻求管理突破，改变发展困境，图书馆便要从读者服务下手，在其中加强细节管理，给予读者良好的、个性化的服务，促使他们自主前往图书馆，利用馆内的各类文献资源。

二、图书馆读者服务的细节管理实践

"细节管理是服务艺术的最好体现"①。图书馆应该重视细节的价值，过于严苛的细节管理，会违背管理的初衷，对馆员、读者来讲都不够友好。图书馆应该在各项工作的开展中，明确馆内的实际工作条件，在相应保障、科学设施的支持下，才能对工作有更高要求。否则，就要将管理的尺度适度放宽，避免管理产生负面影响。

（一）读者服务中细节服务的重要性

随着现代化新技术在图书馆中的应用，电脑和通信技术的结合所带来的信息传播的便利，传统的图书馆读者服务受到极大的震动和冲击。图书馆服务设施的现代化、服务资源的多元化，图书馆服务能力发生了质的飞跃，读者在图书馆享受到的是便捷、高效的服务。

图书馆在为之感到欣慰甚至有几分满足时，也时常困惑于读者对服务质量的质疑。这在读者服务中表现尤为明显。从国内外众多图书馆服务成功的奥秘给我们的启示是，要想取得读者服务的成功，就必须注重细节服务，追求细节的完美。

注重细节服务，倡导的是以人为本的服务理念，见证的是一种用心服务的精神。要求馆员认真探究读者言行背后的所欲所求，像对待自己的亲人样对待读者，用心做好读者服务工作中的每一件小事，为读者提供符合甚至超越读者期望的优质服务。

---

① 贾胜利：《图书馆读者服务中细节管理探究》，载《河南图书馆学刊》2008 年 1 期，第 69 页。

(二) 读者服务中细节的注重焦点

1. 语言交流细节

图书馆读者服务过程中，与读者直接交流的机会是很多的，可以说从读者进门和他们的交流就开始了，在图书馆不少传统工作被机器代替的今天，读者服务这种人与人之间、面对面的交流和沟通仍旧是机器无法取代的，语言作为人际交往的重要工具，其在服务中运用如何将直接折射出馆员的个人修养和服务境界。

馆员亲切温暖的话语，会让读者倍感亲切，也可避免流通服务中有可能发生的矛盾。因此，对于常用的服务用语，图书馆必须将其规范化，要求馆员牢记在心，落实在服务中。但它更需要发挥馆员的聪明才智，让文明规范用语成为工作的好助手。这样的服务细节俯拾即是，举不胜举。面对不按规定任意摆放图书的读者，要友情提醒："您的归架之劳，会方便其他读者的使用，谢谢配合！"面对用书本占位的读者，提示："杜绝占位，需要您的支持！"面对满怀怨气交纳超期罚款的读者："谢谢您能配合图书馆工作，同时请记好您的还书日期，相信类似情况不会再重演。"

对于需要经常重复的提示，可采用提示牌形式。例如，可在借书处给读者以温馨提示。亲爱的读者：为保障您的权益，请您当场确认图书借还记录；借阅卡请勿借与他人，这会给您带来一些麻烦；谢谢配合，图书馆祝您学业有成、工作顺利！此外，服务中还必须自如地运用好非言语沟通技巧。注意眼神的真诚、表情的和蔼可亲、姿态的端庄优雅和着装的得体。只要馆员用心，将言语艺术与非言语沟通密切配合，进行有效使用，读者服务工作将锦上添花。

2. 服务环境细节

图书馆有一个好的环境，对读者服务工作能起到很重要的作用。布局讲究、环境优美、安静舒适的服务环境，令读者感悟到的是一份尊重和关怀。在特定的图书馆服务空间内，服务环境的注重焦点可从"净与静"两个字上做文章，找突破口。"净"强调的是整齐、有序和清洁。要求馆藏资源的摆放科学合理，方便读者查阅；室内地面清洁、空气清新、阅览桌椅整洁无尘等，令读者在此感受到一份温馨、一份享受。"静"则要从注意手机声、脚步声、交谈声、图书的拿放声、书车推动声几方面入手。

图书馆在引导读者入馆时，要求读者将手机调至震动并保持安静。图书馆为了有效地减少噪声源，还必须对借阅区工作人员提出下列要求：①工作期间，避免穿容易发出响声的鞋；②工作交谈，尽量用耳语；③搬运、摆放图书时，轻拿轻放；④推动书车时，速度要慢，同时对空书车略为"施压"，避免噪声的产生。安静而干净的环境，带给读者的是一种无声的关怀，美的熏陶，有利于读者集中精力、思维敏捷地开展研究学习。

3. 服务操作细节

读者服务要实现馆藏资源准确无误地传递到读者手中，必不可少的两个环节是：①各书库的图书整齐有序，便于读者查找；②借书处馆员准确无误的手续办理。

图书馆要提高读者服务质量，类似问题必须得到有效控制。具体可通过以下几方面的管理和检查来预防：①完善图书借还的操作规范，要求馆员严格按流通借阅子系统的指南实施操作；②完善工作日志制度，要求馆员坚持做好每天借还量的统计日志；③主任要加强监督检查。

4. 服务标识细节

一套标准规范、清晰明了、便于识别的标识系统有助于读者获取各类资料、享用各项服务。架标作为现代藏书体系中的"书目导航员"，是读者快捷查找馆藏的得力助手，其设计自然成为了注重重点。为了有效揭示馆藏，架标设计必须把握好几个细节：①类目揭示谨防过于简单。②类目揭示程度要适中。要尽量以上位类为主，适度突出一些常用的下位类。③类目揭示要注意其系统性与完整性。对于馆藏量少的类目，从大类方面揭示，而不是将其省略。④拆取简单，便于图书倒架后的架标调整。实践中，图书馆对架标做了一点儿细小的改进，方便了读者对馆藏的检索。具体为：在保持书架原有类目标识的基础上，以每个书库为单位，依书架排列顺序加贴相应的序号，并将"图书类目和所在架位对应一览表"张贴在借阅室入口醒目处，这么一来，读者进入借阅区，借助类目架位对应表，就能先定位自己需要查找图书的所在位置，节省了读者查找书籍的时间。细节就在身边，稍加用心，便能创新，给读者提供极大的方便。

(三) 图书馆读者服务的细节管理实践方法

1. 设计合理检索方式

在图书馆中，检索设置一般只对责任者、题名这些搜索的专业路径进行设置，这也属于馆员可以较快掌握的搜索形式。它对专业人员来讲，属于搜索的便利方式，为此在图书馆内的应用更为普遍。图书馆要对检索路径进行改善，以读者需求为出发点，应用为读者提供便利的有效检索渠道。

在图书馆内，读者询问有没有某书籍属于一类普遍状况，此时需要馆员协助读者在系统进行书籍检索，而专业的馆员操作能让读者很快找到书籍，这也让读者意识到自己所用检索方式的问题。图书馆要对此状况提高关注，可以尝试为馆员、读者设计检索的两套系统，馆员所用检索的系统保持不变，以读者角度为出发点设计检索的便利方式，让读者能在检索时找到馆内的所有资料。

2. 合理运用节约制度

在图书馆中，借阅制度的建设非常重要，如图书馆会在对借阅日期规定后，要求读者只可以在规定日期来还书，禁止对图书的提前归还。此方式便利了图书管理，但会让阅读资源面临浪费状况，因为读者在读完书后不能归还，便会占用资源无法让书籍及时被下一个读者阅读。

此外，图书馆还会有不缴纳违规滞纳金，便不能继续去借阅的状况。若读者在着急时去借书，却因滞纳金不能借阅时，这也让读者体验会降低。总的来讲，为避免上述状况，图书馆要设计借阅的合理制度，结合实际灵活应对借阅状况。

在制度改进中，当读者在需要缴纳滞纳金时，馆员可以先了解滞纳金实际开始日期，再为读者发送信息，让他们知道自己需要缴纳滞纳金。为让读者借阅变得更为方便，图书馆要针对滞纳金推出一定政策，如滞纳金在积累至某数目、超时严重时，读者便不能对图书进行借阅等。图书馆可以在读者需要借阅书籍的地方进行制度内容的张贴宣传，使得各读者都能在图书馆内了解这些信息。

3. 提升读者服务意识的素质培养

图书馆的规章制度的设置不仅要考虑自身管理的合理性、高效性、严谨性等，还要考虑读者的便利和心理感受，只有把生硬的、规范的、合理的规章制度与贴心的人性化服务结合起来，才能让读者感受到被服务的快感，把来时担心变成走时开心，把图书馆当成收集资料必去之地。

图书管理人员一定要转变观念，把服务好读者作为重中之重。一是提升自身服务意识，把读者当成朋友和家人，改变公事公办的态度，耐心解答每一个问题，为读者提供个性化的服务；二是要提升自身素质，熟悉图书、资料的相关业务，及时、快捷地为读者提供相关帮助；三是在不违反制度规定的前提下，灵活服务读者，提供超出读者期望的贴心服务；四是在实际工作中善于发现制度的不合理，为完善制度、改进服务提出建设性意见，当好领导的助手。

4. 提供人性化的服务

馆员需要对读者充分尊重，营造交流的平等氛围，让读者能对管理制度自然接受。在服务时，读者违章等状况会经常出现，若处理的方式错误时，也容易让读者留下阴影。在图书馆，可能会有读者想将书籍私自带出，也有读者会想前来图书馆进行勤工助学。面对不同状况，图书馆要坚持服务育人，引导读者来纠正错误，让人文关怀的服务特征充分体现出来。

高校图书馆可以和辅导员进行联系，了解私自带书同学的日常表现，了解他借阅图书的状况，再决定如何处理问题。图书馆也要对勤工助学的读者详细了解，从他的自我评价、辅导员评价等方面，决定是否安排读者前来勤工助学。在人性化服务的影响下，读者对图书馆的印象会更好。而在有读者存在严重的违章状况时，图书馆还要耐心做好疏导，让读者从思想上了解到自己的错误，再来耐心听取读者陈述，并讲述图书管理的制度，按照规定来妥善处理。在处理此类问题时，要尽量利用义务劳动等方式进行，尽量不用公开批评、罚款等方式，这能让读者减少对抗及恐惧的心理。图书馆对读者的诚意对待，能让他们在人性管理中被影响和感染，促进其基础素质的提高。

三、读者服务细节处理的有效落实

（一）以人为本的服务细节

为了使服务更细致，图书馆在细小之处应多考虑。细小之处，才能见证图书馆的用心、真心、爱心的精细管理。图书馆工作人员要把读者装在心中，把服务放在心中，在服务中要处处有爱的细节。如图书馆可以在每一处读者服务点上安装计算机检索终端，在检索机旁放置检索终端使用方法的文字说明、便笺纸和笔，方便读者检索记录之用。在每一层阅览室旁边，安放了直饮机，免费提供热水服务。在阅览座上增设读者服务箱，箱中摆放一些胶水、笔、橡皮、剪刀、纸等。

（二）耐心服务

图书馆读者服务工作就是要耐心，注重细节服务就是要强调的是精益求精，强调的是服务工作的精雕细琢。当图书馆技术配备达到一定水准时，读者服务工作比拼的便是对读者一种无微不至的关怀，一种持续改进的细节服务。

要提升服务质量，令读者能感受图书馆人性化服务的好处，馆员必须从思想上改变读者服务工作只是简单的图书借还、取书上架等体力劳动的片面观念，在服务工作中重新审视自己的工作，注重职业形象。读者服务工作就是从拒绝浮躁心理入手，认真对待工作中的小事，用心注重读者的点滴需求，才能实现与读者的互动和共鸣，在读者服务中收获一份快乐，创造一份不平凡。

（三）服务沟通细节

图书馆是服务部门，在与读者沟通服务中，要微笑服务，注意语言细节，用自己的行为和情感去平息与读者沟通过程中造成的矛盾。流通阅览工作人员要努力改变常常表现出来的那种"公事公办"、置身事外的冷漠态度，给读者以微笑和热忱，便能得到读者的理解和支持。在借阅过程中与读者接触时，离不开语言的交流。在与读者发生矛盾时，工作人员一定要以自己宽容的涵养、谦和的姿态，体谅读者的一时失礼，使矛盾趋于缓和并赢得其他读者的尊重。

（四）馆员自身形象细节

读者管理工作的诸多环节、细节服务的实施要靠人来实现。因此，在日常工作中，抓好馆员形象的细节管理至关重要。在常抓不懈和日积月累中，做到润物细无声，使形象意识深深扎根馆员心中。图书馆员面对读者，能坚持主动服务、微笑服务，在一言一行、一举一动中释放人文关怀，使读者感受到图书馆的这份温暖，使读者和图书馆在良性互动中不断前行。要做到长流水不断线，图书馆管理者要教育馆员不断赢得自身形象的提升，切不可因为工作平凡琐碎而放松自己，任何时候，馆员没有理由松懈思想，忽悠读者，怠慢工作。

总之，读者服务工作中的细节服务是人性化的具体体现，它投入的是关怀，产出的是感动。要想做好细节服务，就必须仔细观察读者的每一个细微的需要，树立精益求精、勇于在细节方面进行创新的精神，同时细节服务和管理不是一时的心血来潮，而是时时处处持之以恒，应逐渐将细节服务内化成一种团队素质。如果只满足于做好一些基本的方面，抱着马马虎虎的态度，是做不好细节服务的。只有那些重视细节，把服务真正做到家的馆员和图书馆，才有可能长久地立于不败之地，使图书馆成为独具人文关怀的高文化品位的殿堂，才能形成自己的特色服务。

（五）服务流程细节

在整个读者服务工作中，最引起工作人员与读者矛盾是读者的超期罚款现象和读者的丢书现象，这也是各个图书馆面临比较突出的问题。如果把这个问题解决好了，更能使读者感受到图书馆人文关怀的精心管理。从以下几个细节处理上能减免这些矛盾：①当读者来借书时提供一个纸条，记录还书日期，告诉读者将纸条夹在图书里，以便时刻提醒自己按期归还；②在还书处大厅及大厅的显示屏上公布一周内即将到期图书的读者名单，有效减少读者因不愿交纳图书超期罚金而与工作人员产生的纠纷现象；③要求读者提供电子邮箱地址，借还系统在外借图书到期前一个星期，定期通过电子邮件提醒读者，直至还书为止；④在处理读者丢失图书时，改变以往生硬的赔书程序，尽量提倡读者自购相同版本的图书，并开展为读者无偿代购图书业务，使读者在赔偿图书时损失降到最低程度。这些举措能让读者感到工作人员的细致服务与真诚关心，比任何说教更能打动读者的心，体现细节服务的魅力。

（六）开展自助服务

适度发展读者"自助服务"不仅是服务内容的扩展，而且是让图书馆减少工作量而不减少服务效果的细节服务。例如，图书馆可以在还书处设置 24 小时诚信还书柜，购买了自助还书机，开通"绿色还书通道"，读者在没有工作人员操作的情况下，可以自己完成还书任务，避免周末和晚上无工作人员操作还书的弊端，尽最大可能方便读者。并且在一楼大厅放置了三台自助复印打印机，读者可以独自完成复印、打印、扫描操作，简捷方便。这些细腻而又人性化的做法受到了广大读者的赞许。

（七）开设读者休闲区

在图书馆馆舍允许的情况下，开设读者休闲区，提供休闲桌椅、茶点、音乐等，和同学朋友探讨一下阅读心得，让读者感受到图书馆不仅是知识宝库，而且是轻松惬意的好去处。图书馆可以在二楼阅览室旁单独配备了休闲区，放置了休闲沙发，专门设置了"书香语林"书吧，在这里可以一边看书，一边喝咖啡、吃点心，身心得到放松，非常具有人性化。

第三节　图书馆读者投诉的处理艺术

一、图书馆读者投诉的类型

读者投诉是读者在利用图书馆资源、接受图书馆服务过程中，对图书馆的服务、设施或管理等用书面、口头或网络形式表示的批评、指责、申诉或提出建议的行动，是读者对自身权益权利的表达、主张和要求，是对图书馆工作或服务不能满足其使用需求的一种权利诉求。

读者投诉可以分为：①显性投诉。显性投诉可分为当面口头投诉、书面直接投诉、向上级投诉、媒体投诉等。②隐性投诉。隐性投诉可分为私底下表示不满和建议、不再入馆等。

对于显性投诉我们要充分重视，通过归纳分析，找到图书馆工作中的不足，加以改进；对于隐性投诉图书馆可以借助微信群、QQ 群、图书馆网站、意见箱、发布投诉电话等方式畅通读者发表意见的渠道，让读者的不满情绪找到反馈的途径，增加入馆概率。

二、图书馆读者投诉的特点

第一，对图书馆服务的细节要求越来越高。读者对图书馆服务的细节和服务质量要求越来越高，主要体现在：读者投诉较多源于小问题或细节问题，如服务环境方面的噪声、温度，馆员与读者沟通时的语气态度，外包人员与读者的沟通方式，信息服务中的微小瑕疵等，这在占比最高的服务质量投诉中有集中反映。可以看出读者对图书馆服务工作的高标准、严要求和零容忍。

第二，对服务技术和业务系统的便利化和智能化程度要求越来越高。读者投诉中有一类是针对逾期费缴费方式、读者证办理、借阅方式等服务技术方面问题的投诉。馆员与读者沟通解决具体问题的过程中了解到，读者对网上缴费、办理电子读者证、实现电子借阅等便利化智能化的诉求越来越强烈，这符合当今社会技术迭代加速的大环境，同时也要求图书馆不能落后于时代的技术发展。

第三，对规章制度和管理方式的科学性和与时俱进要求越来越高。读者投诉中有一类是针对规章制度和管理方式的质疑，如查阅报刊需要读者开具局级介绍信的要求过于苛刻，读者遗失读者证挂失补办流程烦琐，读者丢失文献赔偿管理规定不够人性化等。读者提出图书馆制度中某些不合理或不合时宜的部分，要求图书馆与时俱进，科学制定各类规章制度和管理规则。

三、读者诉求对图书馆工作的助推作用

第一，拉近与读者的距离，提升图书馆形象。在与读者交流反馈过程中，我们感受读者的心情，通过积极的反馈、有温度的回复，让读者从内心感受到图书馆全心全意为大家服务的诚意，拉近与读者的距离，增加读者对图书馆的向心力和认同感，并使这部分读者成为图书馆良好口碑的宣传者，为图书馆赢得正面的影响力，进而提升图书馆的形象。

第二，加强部门沟通，推进工作开展。读者投诉平台就像一面镜子，在匿名的方式下，读者可以更直接更具体地提出问题，表达不满，指出图书馆读者服务工作中的不足，通过读者反馈的问题，图书馆可以找到工作中的薄弱环节，通过实地调研、借鉴其他图书馆经验，切实有效地采取措施、完善规章制度和服务机制，从而提高图书馆的服务质量。

此外，读者反映的问题往往牵扯到多个部门的通力合作，比如实体校园卡向电子校园卡的升级改造，刷脸、扫码系统的升级维护，需要图书馆与信息网络中心的协作配合。因此，"专"心办阳光校务平台，加强了图书馆与学校各部门的沟通交流，提升了工作效率，推动了学校工作的开展。

第三，营造更积极向上的文化氛围。小程序、小应用，以问题为导向，推动工作开展。有了读者的监督，图书馆整体工作更加细致、周到，工作人员更加严以律己、宽以待人，更好地服务广大读者，共创积极向上的文化氛围。

四、图书馆读者投诉应对策略

（一）树立正确处理理念

读者通过投诉指出图书馆工作中存在的问题与不足，为图书馆提供了一个发现问题、改善服务并促进发展的契机，具有重要的现实意义。因此图书馆要树立正确的读者投诉处理理念，具体而言：

第一，正确认识读者投诉，从领导到责任部门均要高度重视，积极应对，利用好与读者对话的机会，认真分析问题和成因，将读者反映强烈的问题作为改进工作的重要着力点。将较多读者反映强烈的问题事项纳入整改清单，集中力量对问题进行研讨解决，取得了良好实效。

第二，尽量从源头上避免读者投诉，就要做到主动服务、主动沟通，持续完善读者意见收集和反馈机制，畅通馆内读者投诉渠道。如在现有投诉渠道的基础上，图书馆还可开通"馆长接待日"或"主任接待日"，由分管业务的馆长和部门主任直接与读者沟通并倾听读者诉求；还可将真正有想法有资源的读者纳入图书馆监督员或志愿者行列，鼓励他们为图书馆发展建言献策。

（二）妥善处理投诉

对读者投诉的妥善处理关乎图书馆服务大局稳定和整体形象塑造，图书馆应妥善处理读者投诉，避免矛盾升级和重复投诉。具体而言：

第一，处理投诉的馆员应耐心听取读者诉求。较多投诉的缘起是读者对图书馆产生了严重的不满，需要将不满一吐为快，馆员应本着"有则改之，无则加勉"的态度耐心倾听，让读者感受到重视。

第二，馆员应增强与读者的沟通能力并做好自我心理疏导。一方面，投诉读者的自身素养参差不齐，因此馆员的沟通和应对能力更显重要，如面对问题实际出在读者身上的情况时也要避免据理力争，激化读者情绪；另一方面，负责处理投诉的馆员往往容易积压负面情绪，甚至有面对读者出现情绪失控的风险，因此需要做好自我心理疏导，对待投诉保持理性。

第三，要及时处理，妥善解决读者投诉。面对读者投诉图书馆要及时回应，认真调查核实，提出解决方案，对于可以立行立改的问题要及时整改并反馈读者，对于短时间难以彻底解决的问题也要与读者积极沟通，作为今后改进的方向。

（三）注重业务发展和服务提升

读者投诉量居高不下和读者对图书馆业务发展越来越高的期望，都要求图书馆立足发展，从各方面对业务和服务进行改进提升。具体而言：

第一，图书馆发展离不开充足的资金支持，因此政府应持续加大财政投入力度和政策扶持力度，图书馆也应在政策的支持下群策群力努力创收，在丰富业务服务的同时克服因预算不足带来的业务发展和系统改进提升阻碍。

第二，为了与技术变革的加速、社会环境的不断变化和读者获取信息习惯的变化相适应，图书馆在技术和管理上都要与时俱进，通过逐步引入 5G、大数据、物联网等技术向智慧图书馆迈进，在管理方面要及时修订完善旧有的和读者反映强烈的规章制度，更加做到以人为本和以读者为中心。

第三，为了实现高质量发展，图书馆应在延续传统服务内容和品牌的基础上，不断创新服务方式和内容，通过学习调研和精心研磨优秀成果打造更优质的阅读推广活动和服务模式，避免在服务工作中出现惯性和低质化倾向。

第四，图书馆要注重加强人才队伍建设，根据业务发展需要引入和培养相关专业优秀人才，支持图书馆学术研究、数字化和智慧化转型等；要调动和发挥年轻馆员的活力和创造力，全方位提升图书馆的服务水平；要加强对馆员的业务知识培训，充分应对快速变化的时代环境和图书馆行业发展；要加强馆员职业道德素养教育，进一步提升馆员的服务热情和服务水平。

（四）充分发挥社会教育职能

图书馆作为知识文化的重要集散地，更要充分发挥社会教育职能。具体而言：

第一，加强对公众的讲座培训、科普教育、人文素养教育等教育指导和培训，如面向老年读者举办"跨越数字障碍"讲座，面向儿童读者开设天文科普讲堂等，不断提升读者的人文素养和知识水平。

第二，对于提出不合理诉求或无理取闹的读者，图书馆要做好政策讲解和沟通解释工作，帮助读者理解图书馆和社会运行的规则，从而更好地利用图书馆。

五、图书馆读者诉求平台的运用

第一，形成考核制度。读者投诉平台作为图书馆的一项重要工作，要形成规章制度，严格确定各事项的办结时间，并对服务过程、服务结果进行跟踪调查，定期梳理情况、通报总结，并对事件的办结率、延时率、满意度等指标定期通报。同时将部门、个人的年底绩效考核与读者投诉量挂钩，使读者投诉处理工作形成机制，做出成效。

第二，遵循首问负责制。投诉管理平台的第一责任人是图书馆负责人，联络员为直接责任人，对于读者提出的问题，不得踢皮球，坚持首问负责制，从源头做细、做实，树立工作责任感，真正为读者解决问题。直接责任人要定期对读者投诉的内容进行分类统计，及时反馈到馆领导或相关部门，责成相关部门及时改进并向读者回应，对于暂时不能解决的问题也要及时向读者做出说明。

第三，建立教育培训机制，时刻保持服务意识。在受理读者投诉时，秉承既要懂得换位思考又要遵循实事求是的原则，在遵守图书馆规章制度的前提下，实施有温度的管理。注意沟通方式，尽量做到言之有物、言之有理、言之有情、言之有序、言之有趣。

同时，要提高工作人员的办事能力，包括预判能力、分析能力、反馈能力，反馈能力又包括线上反馈能力和线下整改措施，线上反馈要讲究专业解答、条理清晰、态度平和温暖；线下改进是关键工作，要形成工作方案，追求切实有效，可实施。

第四，贵在用心，重在办。读者投诉平台推出的目的就是方便读者、服务读者，为读者解决实际困难。因此，投诉管理平台要想真正发挥应有的作用，管理人员要保持良好的自觉行动意识，做到"事事有落实，件件有回音"，坚持重点问题重点办，能解决的问题立刻办，有法可依的问题依法办。

第五，时刻保持舆论危机意识。读者的诉求有正当诉求和不正当诉求之分，对于正当诉求，严格落实，尽快办结；对于不正当诉求，要时刻保持舆论危机意识，投诉要以事实为依据，坚持不扩大、不越级，共同维护图书馆的良好形象。

第四节　图书馆读者活动的策划分析

策划是应用科学的思维和方法对社会组织的整体活动或某一方面活动进行系统、科学的分析、构思、谋划和设计，以期达到最佳的效果。策划是组织开展活动必不可少和极为重要的步骤，是对整个活动包括活动的每个环节都具有指导作用的"教科书"。

图书馆读者活动的策划是充分挖掘、整合社会资源，采用最佳组合方式，科学地制定能达到最好效果、实现读者活动目标的系统方式和方法。具体来讲就是策划人员根据读者活动的目标和要求，通过分析馆内外人、财、物等具体条件，制订出若干具体活动方案，并对这些方案进行比较、择优，最后确定出能够达到目标要求最适当、最有效的执行方案，解决做什么、何时做、如何做、谁来做等细节问题。

读者活动策划的艺术，即"读者活动策划+艺术"。艺术是指读者活动策划过程中运用创造性和科学性思维，对读者活动进行策划的工作方式、方法、策略和技巧。

一、图书馆读者活动策划的原则

第一，创意为先原则。创新是活动策划的基本姿态，创意是高水平策划的前提条件。

读者活动策划首先要通过比较和借鉴，对活动进行较高的目标定位，然后围绕目标的实现突出创意，通过创意让活动出彩、出新、亮点频现，通过创意的实现达到吸引读者参与、吸引领导关注、吸引媒体深入报道的多级目标。

第二，效益为重原则。读者活动作为一项文化传播行为，为了保证其更广泛、更深入、更持久、更有效的开展，就必须在注重社会效益的前提下，适当运用商业眼光来审视读者活动的经济特征，尤其在大多数图书馆读者活动运作经费不太充裕的条件下，可通过冠名、赞助等形式吸纳社会资金，开发相关产品，延伸活动经济链条。这样一方面可以缓解图书馆读者活动经费紧张的局面；另一方面可以通过社会化、市场化运作，为活动的持续开展建立长效机制，提升读者活动层次，扩大读者活动的影响力。

第三，细节周全原则。读者活动作为图书馆"外向型"产品，与公众、社会发生现场零距离接触，其成功与失败的机会只有一次，读者活动的策划一定要周全、细致，应急机制一定要健全，才能确保活动万无一失。

二、图书馆读者活动策划的流程

第一，组织策划团队。作为现代策划，需要的是多个学科的综合知识和团体的智慧，需要个人特别是团队的创意。图书馆读者活动运作往往需要全馆力量甚至馆外力量的支持。

第二，进行调查研究。策划某一项读者活动特别是一些大型读者活动，可行性调查研究必不可少。只有调查研究做得越细致、越充分，活动的策划才有根基，成功率才越高。进行调查研究一方面要做外围调研，包括国家政策、法规，同类活动个案信息，社会资源的利用，读者的需求等；另一方面要做好图书馆内部的调研，包括场地安排、时间选择、经费预算、应变措施等，然后形成分析报告，做出客观决策。

第三，确定活动主题。大型读者活动，内容丰富、形式多样，必须围绕一个鲜明的主题，才可能给读者留下深刻的印象。活动的主题可通过有奖征集等形式确定。主题确定后，可进一步提炼活动口号、LOGO 标志，并积极进行宣传，以进一步强化活动主题，提高社会对活动主题的认同。

第四，制订活动方案。在征求、收集各方意见后就要撰写策划方案和执行方案。策划方案的内容主要包括活动名称，主办、协办、承办单位，媒体支持，宗旨和目标，活动组织机构，举办时间和地点，活动主题，活动口号，活动内容，工作要求，附件等基本要素，它是了解活动全貌的一面镜子。执行方案是在策划方案基础上的细化，内容包括具体某一项活动时间、地点、议程、参加人员、礼仪安排、宣传措施、经费预算、责任分工等细节，它是活动具体操作的指南。详尽的策划方案和执行方案是活动顺利开展的基本保证，图书馆在活动策划之初，可由各个部门提交本部门业务范围内的活动方案，再通过图书馆联席会议确定完整的、详尽的活动策划方案和执行方案，并将所有方案落实成文，下发至各部门参照执行。

第五，落实项目责任。一场活动千头万绪，活动策划就是要将各项任务项目化、责任化，使各项任务逐项落实。落实责任人一方面可以充分调动人的主观能动性，促使他们创造性地执行活动方案；另一方面有利于活动的总结和考核，为今后的活动开展奠定良好的基础。

第六，进行绩效评估。执行方案实施后，要及时开展效果评估。效果评估可以从读者反馈、媒体报道、领导评价、自我总结等反馈效果进行评估，也可以从活动目标是否正确，活动创新点是否鲜明，经费投入是否合理，公众资料收集是否全面，社会资源利用是否增加等内容进行评估，及时总结出活动的整体效果，为下一次策划与实施提供借鉴。

三、图书馆读者活动策划的方法与技巧

（一）读者活动策划的方法

第一，资源整合法。资源整合法就是整合某一主题的活动资源，将分散于同一城市不同单位的同一主题的活动，或同一单位系列的小型活动，通过一个大主题将之串接起来，整合包装后对外发布，在相对集中的时间段内进行操作，使主题活动接二连三，从而产生集聚效应。资源整合法还可以有效地整合社会力量和资源，获得政府政策指令的扶持，能有效地解决活动开展时所需的人力、物力、财力、智力等问题，更容易使活动圆满成功。

第二，传播放大法。传播放大法就是要充分借助媒体来扩大读者活动的声势和影响力。活动的信息往往是通过媒介或者公众传播的，特别是媒介传播的速度、广度以及现场感，已是毋庸置疑。在读者活动的策划过程中，要积极寻求与媒体合作，放大活动的传播效应。如图书馆在启动讲座前，可针对以往图书馆举办讲座容易，听众稀疏难求的现象，认真分析原因，寻找对策。可充分利用当地各种媒体发布信息，开展公开征名或公开选名等活动，通过媒体的传播与放大，图书馆即将启动的讲座活动就有可能深入到成千上万市民心中，为讲座的良性发展聚集一定的人气。讲座名称确定后，图书馆还可通过召开新闻发布会，策划主题征集、电视直（转）播、网络视频点播、报纸同期推介和衍生产品的展示等活动，进一步扩大了讲座的影响力和辐射力。

第三，借力提升法。提升法就是要善于借助外力，提升读者活动的层次和档次。图书馆往往力量有限，读者活动难以搞出大的动静。因此，图书馆读者活动的策划一定要破除

这种定势，通过策划来吸纳融合社会资源要素，以联办、协办、承办等形式，寻求更高的合作平台和更广的活动空间。与此同时，在读者活动的策划过程中，还应多关注企业文化、街头文化、社区文化、校园文化、农村文化等建设的动态与走向，要多与各行业协会沟通联系，主动靠上去，寻找合作机会"借船出海"，提高图书馆运作大型活动的能力。

第四，热点乘势法。乘势就是把握形势，抓住机遇，利用社会上的热点和公众的关注点来策划开展读者活动。热点乘势法不能一味追求热闹，一定要定位准确，参与方式便捷，互动性得到充分体现，活动的创新点要得到有效的发挥。

（二）读者活动策划的技巧

第一，创造活动的"卖点"。图书馆的读者活动一般都为公益性活动，可以结合活动的主题创造一个或几个活动的"卖点"，让这些"卖点"即最精彩、最传神之处永远铭刻于读者心中，过目不忘。

第二，突出活动的宣传。图书馆举办读者活动一方面是为了满足读者的需求；另一方面是通过活动的社会影响宣传图书馆，因此，在读者活动策划的过程中，宣传策划必不可少。①可以利用活动的"卖点"吸引媒体的眼球，达到宣传的目的；②可以通过现场气氛的营造，场地主题的设计，吸引参与者的眼球，达到一传十、十传百的宣传目的；③可以通过编印宣传海报、宣传册、专刊等宣传资料，达到提升读者活动价值与效果的作用。

第三，细化活动的流程。读者活动具有一定的不可确定性，为了杜绝意外事件发生，图书馆工作人员在策划与实施读者活动的过程中，一定要对活动的流程进行周密的思考，模拟现场可能出现的每一个问题，充分预测有可能发生的各种风险，并制定出相应的应急措施。一旦某一个细节出现差错，要随机应变，不要手忙脚乱，不要抱怨，应保持清醒、冷静的思维，迅速查明原因并确认事实的真相。对已造成负面影响的，应及时向读者道歉，与媒体沟通，避免负面的宣传报道。

四、图书馆读者阅读推广活动的策划实施

阅读推广活动即指利用一定的资源，在一定时间内进行的提升读者阅读素养的一次任务。

（一）读者阅读推广活动的类型划分

根据不同的标准，阅读推广活动可分为不同的类型。

从目标群体的角度，可以分为儿童阅读推广活动、青少年阅读推广活动、成年人阅读推广活动、老年人阅读推广活动、农民工阅读推广活动、盲人阅读推广活动等。

从项目举办情况的角度，可以分为常规阅读推广活动和专题阅读推广活动。①常规阅读推广活动：指那些需要图书馆长期进行的阅读推广活动。阅读习惯的培养是一个长期的、持续的过程，图书馆必须要有常规的阅读推广活动，定期举行。至于多长时间举办一次，视图书馆人员等情况而定，可以一周举行一次，抑或半月一次、一月一次。不管周期是多长，一定要有规律地举行。一般来说，图书馆面向儿童的故事时间、书目推荐活动等都应看作是图书馆的常规阅读项目。②主题阅读推广活动。和常规项目不同，此类项目的主要目的是扩大图书馆阅读推广的影响力。这类阅读推广活动包括在节假日、阅读活动周等进行的项目，也有一些专题性质的活动，比如天津市和平区图书馆推出的读书漫画大赛。该项目主要将漫画和读书结合起来，征集阅读主题的漫画作品，并进行评选、作品展览等。

（二）读者阅读推广活动的构成要素

阅读推广活动的策划应该明确以下内容：

第一，内容：包括项目面向的读者群、目标、推广方式。

第二，宣传：任何一个阅读推广活动都必须进行宣传，因此在项目方案中应该明确宣传品的组成及宣传渠道的构成。

第三，实施：在项目方案中应该包括如何确保项目的顺利实施而进行的相关管理工作，包括人员分工、经费构成、时间进度安排、应急方案等。

第四，评估：在项目结束后应该进行评估从而总结经验教训，但是如何评估在策划项目时就应该进行设计和考虑，主要包括评估的方法及评估数据如何获得等。

（三）读者阅读推广活动的内容策划

1. 选择特定读者群

（1）读者类型的细分与选择。读者类型细分确定后，根据图书馆的工作规划确定当前阅读推广工作的重点，进而选择相应的读者群。这里说的"选择"有两层意思：一是图书馆的资源是有限的，不可能面向所有读者提供阅读推广服务，图书馆需要进行选择。第二层意思是图书馆进行阅读推广时机的选择，比如高校新学期一开始，大一新生入学，图书馆阅读推广的重点可以围绕着大一新生进行，帮助大一新生更好地适应大学的学习和生活；再比如小朋友刚上幼儿园的阶段，很多小朋友会有分离焦虑等情况，可以面向这些小朋友和家长推出一些相应的绘本进行阅读，帮助小朋友克服此问题。

（2）分析读者的特点。在明确一个阅读推广活动面向的读者群之后，需要对此读者群的特点进行分析，这样才能确定合适的主题和方式。了解该读者群的特点一般有以下几种方法：

第一，文献法。图书馆馆员首先可以查找相关教材、专著、论文，获得关于某一个群体特点的知识和信息，比如面向的是 3~5 岁的儿童，可以去看儿童发展心理学方面的著作；面向的是老年人，可以看老年心理学等相关文献，从而对特定读者群的特点有一个整体的把握。

第二，调查法。通过文献获得的是一般性的了解，并不一定完全适用于所服务的读者群，因此还应该辅之以其他方法。图书馆可以采用问卷调查法进行抽样调查，了解读者的特点，也可以采用访谈的方法获得读者特点方面的信息，比如和到馆的老年人聊一聊他们的兴趣爱好等。这里需要强调一点，不管是用问卷还是访谈，不能只对到馆读者进行调研，同时还要考虑到没有使用过图书馆的读者，这批读者也有可能是我们的阅读推广对象，因此也需要对未到馆读者进行调查。

第三，流通数据分析法。流通数据记录了读者使用图书馆资源的情况，通过对流通数据的分析，可以获得读者兴趣等方面的信息。

2. 确定阅读推广活动的目标

在确定面向的读者群并了解该读者群的需求和特点后，就应该确定阅读推广活动的目标。阅读推广的目标应该是明确的、可评估的。阅读推广的目的从大的方面说主要包括两个：一是提升阅读兴趣，二是提升阅读能力。一个具体的阅读推广活动如果设定目标为"提升阅读能力或阅读兴趣"，这样的目标不可测量，没有实际的意义，因此在设定具体的阅读推广活动的目标时应该力求可评估、可测量。

3. 确定阅读推广活动的方式

（1）阅读推广的常规方式。

第一，馆藏推荐。书目推荐是阅读推广的基本推广方式，很多读者并不知道某个领域有哪些优秀的图书、期刊，这就需要图书馆做好推荐工作。图书馆在进行推荐的时候以馆藏推荐为主，但是并不完全限定于馆藏资源。另外，推荐的范围不限于图书，应该包括杂志、电影、游戏等多个方面。一般来说，图书馆的馆藏推荐包括：借阅排行、新书推荐、编制主题书目、馆员推荐、读者推荐、推荐后续活动的设计和开展。

第二，常规读书活动。除了馆藏推荐，举办各种各样的读书活动也是图书馆经常采用的阅读推广方式。在这里强调常规，主要是希望我们的读书活动常态化，它应该是图书馆的一项基本的服务内容，是一个长期的过程。

图书馆服务的人群比较多样，其中儿童、青少年和老年人是图书馆进行阅读推广的重点人群，针对不同的人群，会有不同的推广方式。这里不再针对不同人群进行介绍，而是将比较重要的常规读书活动列出，供大家参考，即故事时间、读书交流活动。

（2）专题性阅读推广活动。专题性阅读推广活动指图书馆一年可能举办一次或两年举办一次的阅读推广活动，主要包括以下几种：

第一，图书馆推出的各类读书竞赛和挑战。很多阅读推广活动采取了各种书评比赛等方式、视频制作比赛等形式。

第二，主题性质的活动。比如，北欧一些图书馆开展的动漫之夜、侦探之夜、音乐之夜、幻想之夜等都是主题性质的活动。其中，侦探之夜会把场景布置成案件发生现场，请侦探小说家来和青少年进行交流。

第三，大型宣传活动。除了常规的读书活动，图书馆每年都会举办一些大型的宣传活动，一般在世界读书日或者重大节日，如六一儿童节、国庆节等，邀请一些政府部门领导和相关人员，举行比较隆重的仪式。

4. 推广方式与读者群特点密切结合

不同的读者群体特点不同，在设计推广方式的时候就应该有所区别。比如，儿童对卡通感兴趣，英国"夏季阅读挑战"设计吸引孩子们的卡通形象，包括会各种杂技技能的卡通形象，并且让孩子们进行角色扮演。青少年对游戏感兴趣，那就将游戏的元素融入阅读推广中，以游戏激励青少年进行阅读。老年人喜欢怀旧，那就重温年轻时读过的书等。

（四）读者阅读推广活动宣传

1. 活动实施前的宣传

（1）宣传品的制作。阅读推广的宣传品一般包括条幅、海报、宣传单，以及相应的文化创意产品。宣传品的选择主要考虑目标用户群的特点及经费情况。比如面向未成年人的宣传品可以包括贴画、卡通冰箱贴等，面向老年人的宣传品可以考虑比较实用的包、本等，面向读者的宣传品可以考虑时尚感强或文艺感比较浓厚的咖啡杯、手机套等。目前，很多阅读推广活动的宣传品非常丰富。

（2）宣传的主要渠道。

第一，馆内宣传。指图书馆对那些到馆用户进行的宣传。这里的到馆用户有两层含义：一是指到实体图书馆的用户，二是指访问图书馆网站的用户。对这些用户的宣传主要包括以下几种方式：①LED显示屏。现在很多图书馆都在门口装有LED显示屏，可以滚动显示项目进行的时间和地点；②一楼咨询台或者入口处放置宣传单；③相关阅读室门口放置宣传单；④在图书馆网站上进行宣传；⑤通过图书馆的微博、微信等进行宣传。

第二，馆外宣传。由于很多用户不常使用图书馆或者访问图书馆的网站，因此需要针对阅读推广活动面向的读者群的特点在一些场所进行宣传。比如面向的是学龄儿童的阅读推广活动，需要在幼儿园、早教机构等处进行宣传；面向老年人的阅读项目则应该在公园、老年活动中心等地进行宣传。

第三，媒体宣传。主要是利用报纸、广播、电视等媒体进行宣传。

2. 活动实施后的宣传

图书馆进行阅读推广活动，实施后须进行相应报道。图书馆可以将报道提交给新闻媒体、相关领导、图书馆网站、图书馆专业群等。

（五）读者阅读推广活动的组织实施

1. 阅读推广活动的团队分工

（1）阅读推广活动的团队构成。阅读推广活动的团队构成与图书馆的架构密不可分。团队构成可以由阅读推广部相关人员组成，也可以从各个部门抽调人员组成。团队既包括图书馆人员，也可以包括读者、志愿者等。一般来说，常规项目应该有一个相对稳定的团队，比如"故事时间"读书俱乐部、书目推荐组等，因为这类工作要定期举行，必须有专人进行负责。专题项目由于半年或一年举行一次，团队成员可以临时组建。

（2）阅读推广活动的任务分解及分工。阅读推广活动需要把任务分解为若干个互相联系的小任务，然后进行分工。不同的阅读推广活动任务分解会有很大不同，这里以比赛类阅读推广活动为例进行说明。

比赛类阅读推广活动可能是有关征文、漫画、讲故事等的比赛。一般可以细分为如下环节：宣传（包括条幅制作、网络宣传等），联系选手（报名、通知相关事宜），评审（组织专家）等。

2. 时间进度计划的编制

为保证阅读推广活动的顺利进行，需要制订时间计划，即何时干何事。常规阅读推广活动除了对每一次活动提出时间进度外，同时对该项目应有一个长期计划，比如半年或一年的计划。以"故事时间"为例进行说明，一般"故事时间"一周举行一次。除了确定每周的安排外，同时还应该有一个长期规划。

（六）阅读推广活动的评估

活动评估既是激励的手段，也是改进的手段，更是提高资源有效利用的手段。

1. 阅读推广活动的效果评估

效果评估是指对阅读推广活动所产生的效果进行的评估，一般结合阅读推广活动设定的目标进行。不同的项目其目标设定不同，因此评估指标体系和方法也会有所区别，这里介绍其中几种。

（1）读者借阅量的变化。这方面的数据可以通过流通数据获得。比如要考察馆藏推荐项目的效果，可以分析项目实施后两周内的馆藏借阅变化情况，看其是否达到了预定的目标。如果没有达到预定目标，继续分析原因所在。考察"故事时间"（读书俱乐部）的实施效果，也可以通过读者借阅量的变化进行分析。可以比较经常参加"故事时间"的孩子一年来（或半年来）的借阅变化情况，也可以比较参加"故事时间"的孩子和不参加"故事时间"孩子的借阅量，从而在一定程度上反映效果。

（2）读者阅读意愿或能力的变化。阅读意愿和阅读能力的变化，一般需要进行事前评估和事后评估。以英国阅读社的"阅读六本书挑战赛"为例，在挑战之前，要求参加人员填写一个网络问卷，包括对阅读的看法、喜欢看什么方面的书等，挑战赛结束之后，同样要求参加人员填写问卷，包括对自己阅读能力的评估、未来的阅读计划等。

（3）媒体报道情况。这里的媒体指多种形式的媒体，包括报纸、广播、电视，也包括微博、微信、博客等社交媒体，通过对媒体上关于阅读推广活动的报道、记录、评论等多种信息的分析，可以从某一个侧面反映出阅读推广活动的效果。

2. 阅读推广活动的过程评估

效果评估能够判断某一个阅读推广活动是否达到了其设定的预期效果、具体效果。评估的最终目的在于总结发现项目策划实施过程中的问题，分析是哪些因素导致项目没有达到预期的效果，主要原因是出在什么地方、哪些因素对效果有重要影响等。一般来说，需要对项目的策划、项目的宣传、项目的实施三个环节进行逐一核查。如果项目没有达到预期效果，应该重点审视以下问题。

项目策划是否科学合理：①项目的目标用户是否明确；②所设方式是否符合目标用户的特点；③时间地点选择是否合适；④人员安排是否合理；⑤经费安排是否合理。

项目宣传是否到位：①馆内宣传是否到位；②网络宣传是否到位；③其他宣传（相关场所）是否到位；④新闻媒体宣传是否到位；⑤宣传单等是否有不清晰之处。

项目实施是否顺利：①有没有预想的情况发生；②采取的应急措施是否有效；③是否还有更好的应急措施；④现场是否有不愉快的事情发生；⑤应该如何避免不愉快事件的发生。

第六章 图书馆读者服务工作拓展与创新发展

第一节 微信平台在图书馆读者服务中的应用

一、微信平台的优势

微信属于腾讯公司推出的一款智能手机 APP，其本质上属于一类跨平台的通信软件,[1] 已经成为我国乃至整个亚洲地区用户占有量最大的移动社交通信软件。微信之所以能在广大用户中得到快速普及，主要在于其和传统社交软件相比有着明显的优势，具体来说，微信的主要特点有以下几个方面：

第一，支持多种版本和各类语言。目前，用户可根据自身的需求在智能手机、平板电脑或者笔记本电脑上安装微信客户端。在语言显示上，微信能根据终端系统设置的不同自动选择界面语言，同时也能为用户提供手动选择语言的机会。

第二，功能多样化新颖化。微信不仅具有社交通信功能，同时还具备诸多其他个性化的功能。比如，借助"QQ 离线助手"以及"QQ 邮箱提醒"等可以直接和用户的 QQ 账号相关联，从而便于用户第一时间查收并回复 QQ 客户端的相关留言以及 QQ 邮箱的邮件；通过"群发助手"这一功能，则能将祝福、通知等信息同时发送给微信中的若干个好友；"朋友圈"则能为用户提供发表照片、分享文字等功能，同时还能与微信好友进行评论互动。另外，微信号具有钱包、游戏等多种功能，其中，钱包功能指的就是日常购物的支付功能，即用户可通过微信进行手机话费充值、水电费缴纳或者转账等操作。

第三，支持多种互动形式。微信用户不但能通过文字、图片等形式发送信息，同时还可通过语音、视频等进行实时对话，并添加动态表情。另外，还可建立由多个人组成的聊天群组，实现多人同时交流和对话，这和 QQ 群的聊天效果相比有过之而无不及。

---

[1] 从 2011 年诞生至今，微信受到了广大年轻受众群体的广泛欢迎。用户所覆盖的年龄层也显著拓展，上到 70 岁的老人，下到 10 多岁的青少年。

二、微信平台对图书馆的积极作用

第一，有助于延长图书资源的保存期限。通过构建微信平台，可将图书馆的纸质图书或资源转变为数字资源进行存储，从而实现对图书资源的长时间、科学化保存。随着微信平台建设的日益完善，其在安全管理方面也更具优势，可通过数据备份来防止资源的遗失。

第二，有助于提高图书馆的科技含量。传统图书馆在为读者提供服务的时候往往并不具备较好的科技含量，而通过构建现代化的微信平台，则能为图书馆提供更加先进的软件以及硬件装备，在搭建高效文化新平台的基础上，还能使图书馆朝着高科技的方向进一步发展，进而不断壮大自身的技术实力，为当代读者提供更具针对性的服务。此外，借助云计算这一全新的方式，还可在网络平台上进行数字资源的实时共享，进而拓展馆藏内容，使资源的有效利用率得到显著提升，并给广大读者群体提供满意度更高的阅读体验。与此同时，通过技术的创新和改进，还能进一步降低管理人员的工作压力。

三、图书馆微信小程序应用

微信小程序是一个拥有庞大用户基础，且能满足不同用户需求的信息化平台。该平台所秉持的理念是便捷、易操作。也正因如此，凡是上架该平台的软件程序均免去了安装环节，这便使得传统应用弊端直接被规避，也因此而获得了更多大龄使用者的青睐，提升了自身的应用价值。

(一) 微信小程序在图书馆读者服务中的应用优势

1. "轻应用" 性

在开创移动式的图书馆服务中，若能结合微信小程序的优势，就能赋予图书馆服务"轻应用"的优势，可在优化用户体验的同时，让传统图书馆搭上信息技术的东风，从而获得更好的发展。

就微信而言，其兼容性是毋庸置疑的，可支持线上所有的热门平台，尤其以 iOS、安卓最为成熟。同时，安卓的"即时性"优势也能让图书馆的移动服务更为顺畅。用户仅需打开微信小程序，就可以在不安装软件的情况下获得相关使用权，甚至不会占用设备过多的空间。这种人性化的设计能够极大减少开发者为不同设备和不同操作系统适配的工作量。

2. 小程序的开发利用空间大

图书馆通过将微信小程序应用到图书馆读者服务中，扩展了图书馆线上服务的创新开发空间。其中，通过对小程序介入图书馆的移动服务业务来进行分析，其移动载体能够有效推动图书馆业务真正实现移动化和贴身化。

在小程序与图书馆读者服务的集成创新方面，可充分利用小程序进行各类资源整合，积极打造多层次、多主题的移动资源集成平台。

在利用微信小程序进行图书馆读者服务创新时，可快速进行读者群体分类、明确读者需求趋向、细化移动图书馆的服务职能，这样便能够最大限度地提升移动图书馆的信息化服务水平。

3. 后台操作简单，开发成本低

微信小程序所提供的移动服务是基于自身后台，而非依托于第三方平台进行管理，也就意味着减少了双方合作的局限性，继而也使得开发者的管理自由度更高。不仅如此，微信小程序还自带诸多接口及渲染功能，可以支持基础的开发工作，包括逻辑编写、数据传输及调动设备底部接口等。如此便捷的操作方式也能让图书馆的服务特色淋漓尽致地展现。同时，还能够将一些最新的信息技术支持嵌入微信公众平台上，简化微信小程序的后台操作步骤，这样能够有效节省平台的开发成本和移动图书馆的使用成本，最大限度提升广大员工的工作效率。

4. 强化图书馆与用户的社交互动联系

为提升图书馆的社交属性并扩充其服务范围，须对图书馆的影响力及品牌形象予以重新统筹。纵观如今的信息市场，拥有最多用户群体的当属微信，尤其是其包含的小程序功能，更是受到诸多用户关注与使用。对此，图书馆的移动化服务亦可依托于此来为自身添加社交属性，同时，通过充分利用微信便捷的登录优势，能够有效扩大社群，从而大幅度增强图书馆的线上社交功能。

(二) 图书馆微信小程序的应用对策

1. 加大宣传推广力度

对于图书馆来说，一定要明确微信小程序的理念，核心就是以用户为中心，作为图书馆，其核心的运营理念也是以读者为核心。图书馆还需要不断引进专业人才，对于小程序进行充分的利用以及开发，基于此小程序才能更好地服务于图书馆，进而更好地服务于用户。

信息化时代，宣传和推广是吸引用户的一种重要手段。图书馆已开通微信公众号的，小程序和公众号之间就可以进行联动，从而充分将公众号上面的关注用户导流到微信小程序中。微信有着数量相当庞大的受众群体，每一位微信用户都是潜在的微信小程序用户，图书馆应当充分利用微信，多样化信息分享模式，向用户推送易于接受的内容，让用户更乐意进行转发以及分享，这样关注的用户才会更多。具体措施可通过线下线上相结合的方式对图书馆小程序进行宣传推广。线下方面，可通过开展图书馆活动、在图书馆里粘贴海报等方式，让更多人了解到图书馆微信小程序，并为其提供小程序入口。线上方面，在微信公众号、微博官网上将小程序的信息进行推送，同时图书馆的小程序直接关联于其微信公众号，提供进入小程序更多的途径。

2. 推动服务类型的多元化

对于图书馆小程序来说，提供信息服务就是其主要的功能，同时需要对于精准化以及个性化方面加以关注，针对服务上要对小程序进行改进。针对用户的需求图书馆在满足的同时，对于资源也要做到充分的利用，在服务细节上，基于小程序的服务要持续进行优化，不断提升服务效率，以便更好地服务于使用者。对于图书检索板块来说，要提供高级检索，读者可以快速检索到所需信息。不断完善馆内图书信息，便于用户对于信息进行检索和应用。

针对微信小程序，从设计之初其目的就是对于手机应用的轻量化和集合化，最大的特征就是面向服务，灵活多变性。图书馆的线上化应用推广应当首先加大对于小程序内容的创新，紧紧抓住服务读者这一关键，对小程序内的服务种类进行不断革新，推出更加符合读者需求的多元化服务内容，如座位预约、自助借还、图书馆论坛、电子签到、线上论坛直播等功能，使得读者在图书馆享受到更加便捷的服务，并在各类账号运营时做好区分，图书馆相关消息推送主要集中于官方微信公众号，其他的读者服务及意见反馈以及相关的服务内容在微信小程序中集成，形成错位发展，互相补充的局面。

目前是一个传播媒介社交化的时代，很多服务创新是基于微信小程序而开发的，更多是与用户之间的双向交流，直接创建多方交流的服务平台。直接开设生活以及学习方面的服务内容，增强图书馆与用户的互动性，各个用户之间也会形成相应的交流。用户之间的交流在图书馆内是较容易实现的，如开展阅读竞赛或图书漂流活动。正是由于有了图书漂流，进一步促进了资源共享；通过阅读比赛，图书馆可以获得读者的阅读信息和阅读数据，在小程序中加入相关的阅读排行榜，在读者之间形成有效的竞争意识，在竞争的促进下，不断提升小程序的用户体验。

在自媒体的广泛渗透之下，可以开展多元化的宣传手段，借助抖音、快手等年轻人更加喜闻乐见的宣传形式，征集演员，编排剧本，对于微信小程序的推广，编排出富有趣味的短剧、短视频，并在读者之间进行转发，将相关应用教学内嵌于这些视频中，使得受众能够更加快速、更加有效地接收到相关信息，并实现微信小程序的推广，推动图书馆的运营管理更加高效、更加专业化。

在小程序运用中，可以采取读书交流、读书评论的方式，在图书简介里增加用户对图书的评价，将优质评价置顶以让用户在选择图书上更加方便地了解其他读者对此书的评价。同时增设讨论模块，为用户提供学习交流的平台；提供个性化服务，在推荐图书的时候，可以将个性化的推荐服务直接推送给用户，对于用户个性化的需求，进行个性化的设置，以便用户直接调用，对于用户的个性化需求通过有效的信息推送，同时在学术资源的分配上对个性化需求予以满足；开展阅读推广活动。图书馆阅读推广是图书馆工作中的重点，而利用微信小程序可以拓宽图书馆阅读推广的服务渠道，带动图书馆服务创新。

四、图书馆微信公众号应用

以微信平台为蓝本，为满足企业的多样化营销需求，微信团队在 2012 年 8 月基于充分考虑和分析的基础上推出微信公众平台，以允许企业以及个人借助平台实现同指定群体的图片和文字以及视频等全方位的互动和沟通，除此之外也为用户提供具有价值性较高的信息咨询服务。借助公众平台，不论是企业还是个人都能够开展公众号的申请以及自媒体活动，这样便于企业开展线下以及线上互动营销。

所有图书馆都凭借微信公众号作为主要发展点来进行日常运营，图书馆不仅仅借助公众号将相关的信息发送给读者，同时在公众号之中也会随时开展一些活动，比如说小游戏以及投票等，这些活动的出现使得图书馆的服务模式较传统有了极大的改善。借助应用程序编程接口的连接，公众号在功能方面也具有微网站的功能，用户使用公众号的时候就能够将很多操作步骤完成，比如说预约和借还等。从其他方面来看，图书馆开展公众号运营就表示其需要投入相应的资金和人力作为支持。从运营工作来看，运营是长期的、连续的工作，因此图书馆在运营微信公众号的时候需要确保其具有较高的响应度以及活力，从而做到及时性回复，由此可把公众号塑造为具有活力和朝气的运营主战场。

针对微信公众平台的自身优势，从以下角度展开分析并提出有针对性的、可行性较强的改进建议和对策，期望能够进一步提升和完善公众号的服务质量，让图书馆在科技化、网络化的未来提供出更高质量的线上服务。

（一）提高服务功能的可用性、有用性与实用性

图书馆作为以服务读者为最终目的的组织机构，微信公众号的功能性服务作为其主要

"产品"要素，也是吸引读者使用它的、不可替代的关键成分，若无法保证"产品"的可用性、有用性和实用性，图书馆微信公众号将很快失去在读者心中的地位。

目前，图书馆公众号大多建设有功能栏，主要为读者提供入馆教育科普、馆藏检索、电子资源、用户服务等多种服务功能，但想要提高服务功能的可用性和实用性，一要整理目前尚存的各个功能，将相似功能归类，删去重复冗余内容，保证每个功能模块都是可用的；二要定期对功能进行整理调整，用新功能及时取代过期功能，保证服务功能是有用的。例如读书节时举办了线上活动，于是公众号增添了一个功能链接方便读者投稿或参与讨论，在读书节结束后应及时删去该功能，而不是让已过期的功能一直存在于功能栏中。此外，还可以通过发放问卷的方式来调查读者对于各类服务功能的使用偏好，并根据调查结果对不同服务功能进行进一步加强，同时，也可以调查用户的其他服务需求并根据调查结果来新建功能，从而确保图书馆微信公众号服务功能是实用的。除了在新生入馆教育、信息素养教育讲座等活动中对用户进行公众号相关的讲解，还可以在图书馆线下会使用到公众号服务功能的地方张贴海报进行宣传和教学，图书馆线上活动中也可以标注对活动有帮助的公众号功能应用方式，积极引导用户完成功能的使用。

（二）增加特色与个性化内容吸附活跃用户

提高公众号内容价值的第一种方式就是提高内容本身的价值，越是独一无二、难以替代的内容，其本身的价值就越是珍贵，目前图书馆可以利用自己特殊馆藏的优势，建设特色主题内容，其内容是独一无二、难以替代的，无论对于丰富读者的阅读体验还是今后图书馆微信公众号本身的品牌形象宣传都有很大的价值。

提高公众号内容价值的第二种方式就是选择对于读者来说高价值的内容，读者在阅读文章时认为最有价值的内容往往是他们最关心的、最能影响到他们的，这也是为什么通知类推送阅读量往往会高于其他内容的原因之一，因此，选择读者最关心的社会时事，或是他们最需要的学习资源推荐作为个性化的内容主题，在此之上灵活发挥将更能抓住读者的目光。

（三）宣传方式与推送频率系统化、规律化

宣传和推送作为"促销"要素，最终目的是为了让更多的用户读者选择使用图书馆微信公众号，因此，要以养成用户使用和阅读习惯为最终目的，避免形式化、表面化，做真正有效的宣传和推送。

1. 图书馆读者服务宣传方式系统化

图书馆需要构建一个能引导读者从了解，到学会使用，最后到习惯使用公众号的系统宣传方式尤为重要。图书馆可以在新生入学的时候为他们介绍图书馆微信公众号的优

质服务功能和内容，使读者充分了解到公众号。随后，举办活动让新用户亲自动手使用图书馆微信公众号，让他们学会使用公众号功能。最后，通过宣传便利功能和优质内容体现公众号的价值，不断刷新自己的"存在感"，使用户习惯通过公众号使用图书馆日常功能。

将图书馆的必要功能与公众号相绑定是将三个步骤整合实现的方式之一，将图书馆借还书、借还日期查询等必要的功能绑定在公众号上，在新生入馆教育中为新用户进行讲解，并在用户日常使用图书馆功能时引导用户通过公众号完成功能的使用，用户随后在每次使用图书馆必要功能都需要通过公众号，这样也完成了用户使用习惯的培养。例如，营口理工学院图书馆将借还书功能与图书馆微信公众号绑定，并要求读者通过完成借书任务来拿到部分课程学分，这样不仅能保证新生的关注量，同时使新用户学会使用公众号功能，也利于养成用户的使用习惯。

此外，图书馆可以利用微信平台的优势，在读者服务群中发送公众号提供的便利资源，从而实现价值宣传，也可以将优质内容通过转发、发送朋友圈等方式，扩大接收用户群体、降低二次传播的难度，甚至可以促进读者从被动接收的大众传播转变为主动转发的好友间传播。

2. 读者服务推送频率规律化

微信公众号的推送内容质量从来都不取决于推送频率和内容量，无规律的高频率推送不仅无益于读者阅读习惯的培养，反而会分散读者的阅读热情，规律化推送频率、细致化推送时间可以将读者的阅读精力集中起来，利于用户抓住阅读时间规律，便于培养用户的阅读习惯。

图书馆用户群体较为固定，阅读时间也会相对集中在某些时间段，选择合适的推送时机并将推送的时间和频率固定下来，利于养成用户每周同一时刻阅读公众号内容的习惯。例如，大部分用户会在每星期五晚上休息并浏览手机，每周在这段时间进行推送多会取得事半功倍的效果，各图书馆也可以通过后台数据探寻自己公众号用户的高频阅读时段，把握最适合自身的推送时机。

（四）　建设鼓励读者沟通反馈的渠道

图书馆以服务读者为工作中心，其微信公众号也是如此，与用户的沟通，是图书馆微信公众号改进提升必不可少的过程，"渠道"这一要素的最终目标正是要建立读者与图书馆之间沟通的桥梁，保障读者顺利进行有效的沟通反馈，这一沟通桥梁由四个部分构成：发现渠道、确认渠道可用、使用渠道、接收沟通反馈成果。可以从这四个部分着手改善图书馆微信公众号的沟通渠道。

图书馆要保证读者可以轻易地找到反馈沟通渠道，这一过程不仅包括读者发现微信公众号中的反馈方式，还包括读者查找到图书馆微信公众号；保证沟通反馈渠道的可用性，确保负责人及时查看用户的反馈信息，及时更改微信公众号中失效的联系方式或已更换的负责人；培养用户的沟通意识，增加公众号中与用户互动的环节，鼓励并引导读者主动与公众号负责人进行反馈；及时对读者的沟通反馈做出回应，例如，回复用户提交的反馈信息，将优质反馈进行匿名公开回复，并让用户看到按照他们反馈的合理意见做出的具体措施行动。

图书馆可以通过更改标准名称的方式保证读者通过微信公众号检索可以轻松查找到图书馆公众号，在图书馆官方网站中显示出微信公众号的二维码，或将二维码附在图书馆的百度百科中，也都增加图书馆公众号的间接查找方式，公众号负责人应及时更改失效的负责人联系电话、邮箱、微信等，并及时对用户的沟通反馈做出回应，目前图书馆微信公众号最为常用的读者反馈方式为公众号内的留言回复，可尽量打开公众号的留言回复功能，并精选优质留言，在增加读者的参与感的同时也鼓励其他同学一起加入讨论，也可以多在公众号中举办一些与读者在留言区互动的小活动，或让用户通过留言反馈提出对图书馆微信公众号的意见，以此提高用户主动参与沟通交流的意识。

（五）优化读者使用体验、发挥移动平台优势

"过程"即服务得以实现的使用流程，要想优化公众号中"过程"这一要素，不仅要改善读者使用微信公众号的操作体验，还要充分考虑图书馆微信公众号所提供的移动线上服务与常规服务之间的不同之处和优势所在，图书馆微信公众号应注重与常规线下服务不同的细节部分，充分发挥移动服务平台的优势，为用户提供独具线上服务优点和特色的优质使用体验。

1. 优化读者使用体验

目前图书馆微信公众号在使用流畅度以及内容完整程度上保持着一个良好的成果，但想要优化读者的操作体验，则必须要处理好无效、过期的链接，图书馆微信公众号的负责人须及时发现处理公众号功能栏中的链接或功能失效的问题。若不能及时处理，则可以在公众号发布群发信息告知读者服务功能失效，并在功能恢复时也及时告知读者。在内容服务方面，应在发布推送文章前做好审核工作，如果文章出现了错误或遇到了特殊情况，若能利用编辑功能或后发布的推送文章进行弥补，则尽量不要删去近期发布的内容，避免造成读者点开一个感兴趣的功能或内容链接时，却发现仅显示链接失效或内容已删除而产生失落感。

此外，公众号中的广告也会造成读者的负面操作体验，降低图书馆微信公众号在读者

心中的威信力，因此图书馆微信公众号也应杜绝广告的植入。

2. 发挥移动平台优势

图书馆微信公众号身为全天开放的线上服务平台，一大优势便是可以让读者不受时间地域的限制，随时随地、便利地获得图书馆提供的优质服务。

（六）注重展示细节，塑造公众号形象

"有形展示"是产品或服务本身向用户展示功能性和质量的过程，因此界面展示即是图书馆微信公众号服务这个"产品"向读者呈现本身价值的最后一环，能够直接影响用户的使用和体验冲动以及产品在用户心中留下的产品形象，因此展示的内容需要注意细节，让读者产生使用欲望的同时确保最后会在读者心中形成图书馆想要留下的形象。

1. 注重服务展示细节

微信公众号推送栏的标题是吸引读者阅读的关键，应兼具简洁性、规范性和趣味性。趣味性可以为推送添加吸引读者的亮点，也有助于图书馆在读者心中塑造想要的形象，但公众号推送的标题应以简洁明确地表述内容种类和含义为第一目的。

在排版美观的前提下也须注意将推送内容中的图片、图片和表格中的文字保持在一个保证读者良好的阅读感官，利于阅读的大小。

2. 塑造公众号形象

塑造图书馆形象可以使用户对图书馆逐渐产生熟悉感、信赖感，也有利于图书馆的后续宣传，这些同样适用于图书馆微信公众号，并且随着用户长时间使用，公众号形象塑造带来的熟悉感、信赖感还有利于培养读者继续使用的意愿，图书馆形象主要是通过其名称、标语、图标体现的，这些要素与微信公众号要素融合便是名称、微信号、文章标题、内容文字、头像及官方认证。

图书馆作为官方组织机构，权威性可以增加读者的信赖感，是图书馆形象的重要要素之一，图书馆微信公众号权威性主要通过头像、名称、微信号及官方认证展现，具体做法便是将名称和微信号改成规范的官方格式，并取得认证机构的官方认证，头像选择体现图书馆自身的图标、照片均可。

除了图书馆官方权威性的展现，图书馆公众号也可以根据自己的需要来通过文章标题和文字内容营造其他的形象要素，例如图书馆公众号若想营造一个亲和的用户好朋友形象，可以通过在推送标题内容或与用户互动中使用较为俏皮的可爱的语言和文字来实现。

总之，虽然公众号自身可以进行信息推送和读者互动，在宣传上也可以获得较好的效果，如果小程序直接关联于微信公众号，可以更好地对微信小程序进行服务以及推广，吸

引更多的用户，公众号就称为小程序的流量入口，更多的用户就会参与到小程序的应用中，形成一种图书馆读者服务的新模式。

若采用公众号关联微信小程序的方式，在推广以及服务的时候就可以更加快速和便捷。微信小程序可通过微信公众号，将其实际用户直接引流，公众号用户就可以体验到小程序全新的服务模式和服务体验。在此基础之上，读者与图书馆的交流以及互动方面可以更加深入。对于微信小程序的推广方面，也可以借助微信公众号的力量，直接引流公众号用户，吸引更多的用户加入其中，进而形成一个全新的生态。在与微信公众号相结合之后，可通过在微信公众号中设置用户反馈入口，了解用户对于小程序使用情况的满意度，通过用户反馈的意见和建议，完善小程序的各种缺陷，为用户提供更好的服务，不断优化用户体验。

第二节　区块链视角下图书馆读者服务优化路径

目前，区块链技术已经得到了社会各个行业的广泛关注。区块链技术运用了当前信息技术中的加密技术和去中心化技术，能够保证数据的安全性和可溯源性，在信息保存和信息核查等领域可以发挥巨大作用。近年来，图书馆读者的阅读需求不断多元化，区块链技术能够有效解决上述问题，从而全面优化读者服务。在互联网环境下，各大网络数据服务平台对图书馆的生存和发展带来了较大挑战，而区块链技术如果被应用于图书馆，将会推动读者服务在空间形态、技术手段、管理机制和服务流程等各方面发生巨大变革，促使图书馆实现跨越式发展。

一、区块链技术概述

区块链技术最早起源金融领域，是当时热度较高的比特币的基础性支撑技术。区块链技术是一种通过块链式数据结构进行数据验证和存储，通过分布式节点共识算法进行数据的生成与更新，通过密码学原理进行数据安全传输和访问，通过自动化脚本代码进行智能化编程和操作的全新分布式基础架构和计算范式。就当前技术层面而言，区块链技术的应用已相对成熟，是未来技术处理的发展方向；对图书馆行业而言，区块链技术能够极大地推动读者服务的优化与革新。

（一）区块链的类型划分

为了适应不同的应用场景和需求，区块链根据准入机制可以分为：公有链、联盟链和私有链三种基本类型。在实际应用中单一的某种区块链常常无法满足用户需求，就出现了多种类型的结合，比如私有链+联盟链、联盟链+公有链等不同组合形式。

1. 公有链

公有链是指完全的分布式（去中心化）、不受任何机构控制的区块链。全世界任何人都可以在任何时候加入、任意读取数据，任何人都能发送交易且交易能获得有效确认，任何人都能参与其中共识过程的区块链——共识过程决定哪个区块可被添加到区块链中和明确当前状态。公有区块链是最早的区块链，也是应用最广泛的区块链，各大虚拟数字货币均基于公有区块链，世界上有且仅有一条该币种对应的区块链。

在公有链中，程序开发者无权干涉用户，所以区块链可以保护用户。公有链的特点就是完全公开，公有链中每个参与者都有权力访问分布式账本每一条记录；不受任何组织机构监控监管，程序开发组织和人员无权干涉用户，区块链可以保护其用户；公有链依靠加密技术来保证其安全。

2. 私有链

与公有链的完全去中心化不同的是，私有链存在着一个中心化控制区块链。私有链的写入权限由某个组织和机构控制。读取权限或者对外开放，或者被进行了任意程度的限制。相关的应用可以包括数据库管理、审计甚至是一个公司，尽管在有些情况下希望它能有公共的可审计性，但在很多情形下，公共的可读性似乎并非必需的。

事实上，中心化和去中心化永远是相对的，私有链可以看作是一个小范围系统内部的公有链。如果从系统外部来观察，可能觉得这个系统还是中心化的，但是以系统内部每一个节点的眼光来看，其实当中每个节点的权利都是去中心化。而对于公有链，从某种程度来看也可以看作是地球上的私有链，只有地球人的电脑系统才可以接入。因此，私有链完全是有其存在价值的。私有链的巨大优势就是，私有链所有的节点和网络环境都是完全可以控制的，因此能够确保私有链在处理速度方面远远优于公有链。

私有链和公有链另外一个巨大的区别就是，一般公有链肯定在内部会有某种代币，而私有链却是可以选择没有代币的设计方案。对于私有链而言，基本上都是属于某个机构内部的节点，对于这些节点而言，参与进行记账本身可能就是该组织或者机构上级的要求，对于他们而言本身就是工作的一部分，因此并不是一定需要通过代币奖励机制来激励每个节点进行记账。所以，我们也可以发现，代币系统并不是每个区块链必然需要的。考虑到处理速度及账本访问的私密性和安全性，私有链可能更适合商业应用，越来越多的企业在选择区块链方案时，也会更多地倾向于选择私有链技术。

3. 联盟链

联盟链是指其共识过程受到预选节点控制的区块链，由某个群体内部指定多个预选的节点为记账人，每个块的生成由所有的预选节点共同决定（预选节点参与共识过程），其他接入节点可以参与交易，但不过问记账过程本质上还是托管记账，只是变成分布式记账。联盟链网络由成员机构共同维护，网络接入一般通过成员机构的网关节点接入。联盟链平台应提供成员管理、认证、授权、监控、审计等安全管理功能。

联盟链的特点是，其可以做到很好的节点间的连接，只需要极少的成本就能维持运行，提供迅速的交易处理和低廉的交易费用，有很好的扩展性（但是扩展性随着节点增加又会下降），数据可以有一定的隐私。

4. 混合链与复杂链

随着区块链技术变得越来越复杂，区块链的技术架构开始不仅仅简单地分为公有链、私有链等架构，而是这之间的界限逐渐开始模糊。在区块链的系统中，是开始有不同的分工。

5. 侧链

侧链协议本质上是一种跨区块链解决方案，通过这种解决方案，可以实现数字资产从第一个区块链到第二个区块链的转移，又可以在稍后的时间点从第二个区块链安全返回到第一个区块链。其中第一个区块链通常被称为主区块链或者主链，其他区块链则被称为侧链。最初，主链通常指的是比特币区块链，而现在主链可以是任何区块链。

6. 互联链

互联链是各种不同的区块链之间的互联互通所形成的一个更大的生态区块链，作为一个全新的概念，目前还没有被普遍接受，因此相关的架构设计和标准化工作也没有开始。针对特定领域的应用可能会形成各种垂直领域的区块链，这些区块链会有互联互通的需求，这样这些区块链也会通过某种互联互通协议连接起来。与互联网一样，这种区块链上的互联互通就构成互联链，形成区块链全球网络。

随着区块链技术的充分发展和在各领域的广泛应用，未来将会形成一个巨大的互联链。如电商平台公有链+物流公有链+物流联盟链+银行联盟链等，它们之间的相互协作、通信、共识，就是一个典型的互联链。

（二）区块链的特征

区块链作为一个可以引领信任的机器，能够通过运用哈希算法、数字签名、时间戳、分布式共识和经济激励等手段，在节点不需要互相信任的分布式系统中建立信用，实现点对点交易和协作，从而为中心化机构普遍存在的高成本、低效率和数据存储不安全等问题提供了解决方案。

区块链的特征如下：

第一，分布式（去中心化）结构。区块链数据的存储、传输、验证等过程均基于分布式的系统结构，与传统集中记账方式不同，整个网络不依赖一个中心化的硬件或管理机构。区块链的账本是分散在网络中的每一个节点上，每个节点都有一个该账本的副本，全部节点的账本同步更新。作为区块链的一种部署模式，公有链中所有参与节点的权利和义务都是均等的，系统中的数据块由整个系统中具有维护功能的节点来共同维护，任一节点停止工作都不会影响系统整体的运作。

第二，集体维护。区块链系统的数据库采用分布式存储，任一参与节点都可以拥有一份完整的数据库拷贝，任一节点的损坏或失去都不会影响整个系统的运作，整个数据库由所有具有记账功能的节点来共同维护。参与系统的节点越多，数据库的安全性就越高。

第三，时序不可篡改。区块链采用了带有时间戳的链式区块结构存储数据，从而为数据添加了时间维度，具有极强的可追溯性和可验证性；同时又通过密码学算法和共识机制保证了区块链的不可篡改性，进一步提高了区块链的数据稳定性和可靠性。

第四，开源可编程。区块链系统通常是开源的，代码高度透明公共链的数据和程序对所有人公开，任何人都可以通过接口查询系统中的数据。区块链平台还提供灵活的脚本代码系统，支持用户创建高级的智能合约、货币和去中心化应用。

第五，安全可信。区块链技术采用非对称密码学原理对交易进行签名，使得交易不能被伪造；同时利用哈希算法保证交易数据不能被轻易篡改，借助分布式系统各节点的工作量证明等共识算法形成强大的算力来抵御破坏者的攻击，保证区块链中的区块以及区块内的交易数据不可篡改和不可伪造，因此具有极高的安全性。通过数学原理和程序算法，确保系统运作规则公开透明，实现交易双方在不需要借助第三方权威机构信用背书下通过达成共识，能够在去信任的环境自由安全地交换数据，使得对人的信任改成了对机器的信任，任何人为的干预不起作用。

第六，开放性。区块链是一个开放的、信息高度透明的系统，任何人都可以加入区块链，除了交易各方的私有信息被加密外，所有数据对其上每个节点都公开透明，每个节点都可以看到最新的完整的账本，也能查询到账本上每一次交易。

第七，准匿名性。由于节点之间的交换遵循固定的算法，其数据交互是不需要信任的（区块链中的程序规则会自行判断活动是否有效），因此交易对手无须通过公开身份的方式让对方对自己产生信任，对信用的累积非常有帮助。在区块链上的交易不和用户真实身份挂钩，只是和用户的地址挂钩，具有交易的准匿名性。

正是因为有以上特点，区块链才不同于传统集中记账方式，并将得到金融领域更大的关注，甚至引起了各个领域的相关机构和行业的浓厚兴趣。

二、区块链技术的应用优势

第一，区块链技术具有去中心化的优势，这也是区块链技术的核心价值之一。对于图书馆而言，将阅读信息数据均匀分布在各个节点上能够降低数据受到外部攻击的概率，提升整个信息系统的安全性。对于总分馆体系而言，各个分馆还可以平等地与总馆共享各种数据信息，提升信息共享性，降低资源建设成本，而且各个分馆在阅读信息资源的获取上也会更加自主高效。

第二，区块链技术具有高度的安全性。区块链是由一串区块组成的，不同区块上有不同的哈希值①，且一一对应，具有不围绕区块中心的去中心化特征。在图书馆领域，区块链技术的这一特性在资源存储中具有重要作用，能够有效防止数据被外部黑客攻击或篡改。

第三，区块链技术具有智能化的优势。基于区块链技术的交易能够在没有第三方的情形下进行，且交易安全性高，这一特性有助于图书馆收集读者偏好数据或对读者服务流程进行优化。

三、区块链视角下图书馆读者服务的优化措施

第一，收集管理数据，优化人力资源结构。区块链技术能够协助图书馆收集读者服务数据，图书馆可以在数据分析的基础上进行人力资源优化配置，建立激励制度，提升馆员工作效率。在图书馆读者服务过程中，基于区块链技术的智能设备能够对工作人员的各个工作细节数据进行保存和记录。同时，区块链技术具有去中心化特征，任何人均不能对原始数据进行篡改，因此可以为领导层提供精准的原始数据，有利于其根据不同馆员的工作成效进行奖惩，从而提升工作人员的积极性和工作效率。

第二，促进数字资源共享，升级信息安全防护。基于区块链技术的数字化资源存储设备，不仅能通过分布式存储结构对图书馆数字化资源进行细致化、标准化和模块化的分类与存储，还能对读者图书借阅、检索等行为进行数据分析和挖掘，解决当前数字信息资源使用过程中检索效率偏低、读者借阅信息分析不清晰等问题。同时，区块链技术提供的链式数据结构为各用户提供了开放式的信息服务，允许读者和管理者参与共享数据库的建设。此外，区块链技术提供的加密算法能够最大限度地提升共享的安全水平和防护等级。

---

① 哈希值是哈希算法中将任意长度的二进制值映射成的固定长度的较小二进制值，是一段数据唯一且极其紧凑的数值表示形式。哈希值是根据文件的内容的数据通过逻辑运算得到的数值，不同的文件得到的哈希值是不同的，所以哈希值就成了每一个文件在文件分享网络里的身份证。

第三，注重数据分析，提升推广效能。在区块链技术的支持下，图书馆可以对现有的阅读推广进行升级。基于区块链技术，图书馆能够以最直接的方式了解当前阶段读者的阅读需求，从而对自身推广行为进行改进和优化，创新推广模式，改进服务方法，优化活动流程。在进行线上阅读推广时，当读者提出相应的阅读服务需求时，以区块链技术为支撑的线上推广系统能够在数据库中精准筛选出与读者需求相近的资源，并以二维码的形式推送给读者。以区块链技术为基础构建的图书馆信息交流平台不仅可以在线上阅读推广过程中广泛收集读者意见，还能够保证读者与馆方信息交流的安全性。

第三节　全媒体环境下图书馆读者服务体系构建

一、全媒体的优势

（一）全媒体的内涵

随着全媒体①的不断发展，我国在舆论生态、媒体格局、传播方式等方面均发生了深刻变化。究其根源，在于全媒体不仅仅是各类媒体的简单融合与传输渠道的机械合并，其本身更是一种与信息时代高度契合的全新业态，有着与传统媒体完全不同的核心内涵。

从社会角度来看，全媒体是一种实现"变革与超越"的全新媒介观念。其不仅是对各种媒介形态与形式的综合性应用，也是对不同媒介内容在生产方式、传播手段、营销方式以及运营模式等各方面的综合性应用。

推动传统媒体和新兴媒体融合发展，要遵循新闻传播规律和新兴媒体发展规律，强化互联网思维，坚持传统媒体和新兴媒体优势互补、一体发展，坚持先进技术为支撑、内容建设为根本，推动传统媒体和新兴媒体在内容、渠道、平台、经营、管理等方面的深度融合，着力打造一批形态多样、手段先进、具有竞争力的新型主流媒体，建成几家拥有强大实力和传播力、公信力、影响力的新型媒体集团，形成立体多样、融合发展的现代传播体系。确保融合发展沿着正确方向推进。这不仅是对互联网背景下整个传媒市场乃至全媒体产业进行重新审视和构建的方式，还是人们从观念上超越对传统媒介认识的基础，更是一场基于媒介融合发展的观念革命。

从媒体角度来看，全媒体是一种实现"跨界与突破"的全新媒介形态。纵观传统媒体到新媒体再到全媒体的发展过程，可以看出，全媒体的出现不仅使传播主客体之间的关系

---

① 全媒体就是运用文、图、声、光、电等多重表现形式，全方位、立体式地呈现传播内容的新型媒介。

发生了根本性变化，也使传统媒介与新媒介的各种形态实现了全面整合，进而构建一种涵盖所有存在形式的全新媒介形态。一方面，就传播的途径和介质而言，全媒体是各类媒体形态的复合，几乎囊括报纸、广播、电视、网络、手机等在内的全部媒体形态；另一方面，从传媒业界的现实应用层面来讲，全媒体就是媒体融合发展后的"跨媒介"产物。

从技术角度来看，全媒体是一种实现"精准化服务"的全新传播手段。毫不讳言，全媒体的出现正是技术发展成熟推动人类传播手段不断提升的结果。相较于全媒体，无论是传统媒体还是新媒体，其受众群体和传播手段都较为固定、单一，无法同时满足不同受众群体的差异化需求。而全媒体以信息技术和通信技术的发展为硬核支撑，有机融入了不同的传播方式和手段，从而实现全载体、全过程、精准化的高效传播。其中，最突出的一点就是其真正做到了在传播过程中为受众提供一整套精准化服务。这种精准化的服务不仅仅是通过简单地交流互动来满足受众多样化与个性化需求，其更强调的是"靶向推送""实时推送"和"定向推送"。更进一步说，其通过利用人工智能等前沿技术来系统分析受众的阅读痕迹、浏览轨迹、关注内容等信息，进而计算出受众的兴趣爱好、信息需求，为其推送适合的信息。由此可言，全媒体的要义就是凭借强大的技术支持，使信息传播的各个环节更加精准，进而有针对性地满足不同受众群体的不同需求。

从功能角度看，全媒体是一种"运用大数据"的全新信息生产方式。全媒体是基于大数据崛起所引发的媒体生态巨变而产生，并以大数据分析受众的认知和需求为逻辑起点来组织信息内容生产，比如报纸、电视、广播等传统媒体就因其信息生产工艺的差异而设立各自的媒体生产部门以及不同的媒介生产机构。这表明对大数据的掌握与运用是全媒体最本质的功能所在。全媒体之所以让一切变得简单容易，关键就在于它不仅搭建起一个广阔的资源平台来存贮各类信息，还充分发挥大数据的价值，将所有信息和资源重新加工，进而组合生成全新的媒介内容。

（二）全媒体的特征

全媒体是多元传播媒介的有机整合，是报刊、广播、电视等传统媒体与新型媒介全面融合后形成的内容互融、载体通融、方式兼融、利益共融的传播生态。

下面从时空、方式、主体、效能四个维度精准概括了全媒体的基本特征——全程、全息、全员、全效。

1. 时空维度——全程媒体

全程媒体是对全媒体的时空维度阐释，指超越时间和空间限制的媒介信息传播，事物的整体过程都会被现代信息技术记录存储，体现全媒体的"无边界化"。一方面，信息受众与信息传播的关系处于无缝隙、全过程感知状态，人始终被信息包围着；另一方面，采编播实现全流程化，通过多样化的媒介载体进行立体式传播，实现信息"共进度、零时差、齐直播"。

与具有明显时空界限的传统媒体相比，在全媒体时代，信息传播不再呈现碎片化、断续式特点，基于互联网的"幂指数"和"超链接"技术实现了信息传播的全程持续性和动态延展性。信息传播突破虚拟世界与现实世界的界限，可以随时随地进行，搭建了全时段在线、无边界场景，达成"处处皆中心，无处是边缘"的效果。随着网络技术尤其是人工智能技术的不断发展，信息传播逐渐突破静止时空的限制，借助移动互联网终端可以瞬时传递到世界任何一个角落。此外，全程媒体还能营造信息传播的沉浸感，使受众获得更加立体化、现场化、无缝隙、无界限的信息接收体验，无论何时何地，受众都可以获得身临其境的沉浸式感受。

2. 方式维度——全息媒体

全息媒体是对全媒体的方式维度阐释，指信息传播超越介质载体的限制，呈现媒体的数字化特征。全媒体时代，在人工智能、云计算、物联网技术的加持下，多种形式的传输媒介使人们采集记录的各种信息越来越"全息化"。

（1）"形态全"，全息媒体的出现使人们同等接受信息成为可能，即在传统媒体时代，人们会因经济基础和社会地位的差异对事件信息产生不同的认知。随着数字信息技术的不断发展，全媒体时代信息传播的数字化愈加突破客观介质的限制，运用多种媒体表现手段如动态图片、音频、短视频、动画、VR、AR 等，以及多种媒介形态如报刊、广播、电视和微博、微信、抖音、快手等 APP，多形式立体化地呈现信息内容，无论受众身在何处，都可使用任意终端设备、任意媒介形态接收信息。

（2）"体验深"，无论是利用文字图片对一般信息进行意涵阐释，还是利用视频、动画或 VR、AR 等对事件现场进行虚拟重构，以及利用人工智能、云计算、大数据等提供更有针对性的数据分析，多种媒介形态都将为用户呈现更全面、更具深度的信息内容。

3. 主体维度——媒体

全员媒体是对全媒体的主体维度阐释，指媒介信息日渐突破传播主体的限制，进而呈现媒体主体的多样性与互动性。在全媒体时代，信息传播转变为"人人都有麦克风"的多向互动式传播，大众参与传播的广度得到极大延伸，人人都可以成为信息发布的主体。传播者既是信息的传播主体，又是信息的接收者，是客体性的传播主体，不再是孤立的传播主体主导信息传播的整个过程。受众既是信息接收者，又是信息发布者，是主体性的传播客体，可以作为信息传播主体中的一部分并有选择地接收信息。受众即使传播他人的信息，是经过二次加工，融入自己的看法、观点，并带有较为明显的主观倾向性。全员媒体的出现，使信息传播中的传播者与受众不再是主客对立的关系，而是主体与主体之间平等的信息传递关系。近年来，抖音、快手、小红书等 APP 的兴起，就是公众信息传播参与性与互动性大大提升的体现。

4. 效能维度——媒体

全效媒体是对全媒体的效能维度阐释，指信息传播集信息、服务、社交等多项功能于一体，呈现媒体多功能化的特征。在全媒体时代，媒体的传播效能有了全方位提升，不管是信息传播中的全程、传递方式上的全息、传播主体上的全员，最终的落脚点都是寻求传播效能的提升。

（1）全效媒体能体现"精确把控效果"。在大数据、人工智能和云计算技术的帮助下，信息受众的需求愈加精确，便于媒体更加精准发布相关信息。以往的广播报刊发布信息后，无法准确获得收听收看数据，是"非全效传播"。而通过有效运用数字技术，媒体不仅可以依照潜在受众的需求发布信息，更能及时获得反馈，以便进一步完善后续的信息传播。

（2）全效媒体还体现了"媒介功能齐全"。全媒体时代，各类信息纷繁复杂，公众可以轻易从各种平台获取信息，导致纯粹发布信息的媒介的用户依赖度降低，一些媒体不断尝试突破功能限制，搭建集社交、服务、商业、政务等各类功能于一身的聚合型平台，以求吸引更多用户。全效媒体集成了服务大众生活需求的社会效益、有效衔接受众的传播效益和全新商业模式的经济效益。此外，全效媒体也体现了媒介自身功能定位的显著变化，在实现移动终端媒介融合的全媒体时代，媒体已成为社会大众离不开的日常化、社会化的功能介质，促使人们的社会方式、生活习惯、思维范式等发生深刻转变。

二、全媒体环境下图书馆读者服务的发展趋势

第一，服务对象社会化。当前社会背景下，信息技术的应用范围非常的广泛，可以在各个领域见到，图书馆也同样如此，这就为图书馆吸引了更多的读者，让图书馆的服务对象更加全面和社会化。今后，图书馆将以信息技术服务为主开展读者服务工作，通过资源共享，所服务的群体会更加多元化、社会化。

第二，信息资源共享化。全媒体环境下，网络信息开始逐渐在社会范围内普及，资源共享已经成为图书馆发展进步的必然选择。现阶段，图书馆都有着比较大的资源优势，信息化管理水平也在逐渐提高，这些方面的优势都会为实现图书馆资源共享起到促进作用。

随着人们整体素质的不断提高，为了能更好地实现图书馆之间的交流合作，就要对现有的内部资源进行整合，积极开展调研工作，补齐不足，从而实现图书馆资源共享。各图

书馆还要在图书管理系统上保持一致，这样才能实现文献信息资源共享，读者服务体系也会更加完善。

第三，信息服务个性化。进入全媒体时代后，信息技术得到了飞速的发展，这一现状带动了图书馆的发展，使图书馆内部的文献知识更加多元和完整，给予了读者更多的选择。图书馆读者服务可以帮助读者顺利地找到所需求的最适合的文献知识。图书馆面对的读者来自社会的各个领域，对于文献知识需要的类型和信息量也不同，因此图书馆就要有针对性地对不同读者开展读者服务工作。

三、全媒体环境下图书馆读者服务体系构建对策

（一）转变观念，确立以读者为中心的服务体系目标

图书馆要清楚地认识到自己的服务宗旨是以读者为中心，要为读者提供最优质的服务。在全媒体背景下，图书馆管理层一定要与时俱进，摒弃陈旧的观念，积极引进新的管理观念，把以读者为中心作为读者服务工作理念，为读者提供更加优质的服务。

此外，图书馆还要改变自己的服务模式，人找书的模式在全媒体背景下已经不适用了，要转变成书找人的模式，这样才能让图书馆的馆藏资源使用得更加充分和彻底，图书馆的读者服务体系建设得也就更加全面。

（二）制订适合特色的采购规划

第一，图书馆要提前制订采购计划，包括要采购什么种类的图书、采购多少本，并做好采购预算。

第二，图书馆的资源建设模式一定要充分考虑到各方面的问题，比如说自身的性质、发展前景、读者群体等，要结合自身独特的服务特点，以及读者对图书馆所提出的服务要求，采取自己建设或者是合作建设的方法，构建出一个具有自己特色的数据库，从而为读者提供更好的服务体验。

（三）建立资源采购联盟体系

各图书馆就需要结成合作联盟，在采购资源的时候采用统一购买的方式，变被动为主动，把话语权牢牢掌握在自己手中，去和出版社或者是数据库商谈判，就会有着极大的优势，出版社和数据库商也就不会有随意涨价的机会，因为各图书馆之间形成了资源共享，就可以有效避免出现资源重复采购的现象。通过这种方法，不但可以有效减少图书馆在采购资源方面的浪费，把资金用到该用的地方，还能给读者更好的读书体验。

（四） 加强对读者的舆论引导

通常情况下，图书馆的读者都是本地方的居民，这就使得阅读内容比较偏向社会化。因此图书馆要采用多种方式来向社会群众宣传新增加的资源或者是新开展的读者服务。如果能够让群众活动极好的体验感，那么他们自然而然就会成为图书馆的读者，就会产生使用图书馆资源的想法，实现图书馆服务读者的目的。

图书馆一定要具有丰富的馆藏资源，当然馆外资源也不能少；通常情况下图书馆的面积都有着一定的限制，而社会人群的时间比较自由，真正到图书馆学习或者是收集资料的读者只有一小部分，但是即使是只有这一小部分，也远远超过了图书馆能够容纳的人数。出现这种问题，图书馆就要想办法积极去应对这种情况，即开展线上服务，现在的人们每天都在和网络打交道，图书馆正好可以利用这一点，让读者通过网络去获取资源，他们希望所采购的资源能够保持长久的有效性。但获取图书馆的资源，图书馆要在提供读者服务的时候具有一定的个性化和碎片化，让读者能够在吃饭、走路的过程中随时获取到图书馆资源。

（五） 积极开展读者咨询服务

图书馆要想做好读者服务工作，咨询服务一定要做到位，这是图书馆最重要的工作之一，能够直接反映出图书馆的服务水平是高是低，同时还能体现出图书馆的现代化建设到了什么程度。

为了能够在当前全媒体环境下满足读者的个性化需求，图书馆要不断加强各类图书文献的收集保存工作，能够为读者提供充足的文献资源。图书馆在开展日常咨询服务工作的时候，一定要注意以下几点：一是必须对图书馆现有的电子资源进行有效整合，要强化馆员的个性化服务工作，慢慢拓宽图书馆读者服务工作范围。二是图书馆要加强对图书或者是文献资料导读咨询工作的力度，要让读者能够快速找到自己所需要的最新的资料。三是图书馆要建立健全管员任职管理制度，针对馆员管理的图书文献资料种类的不同，要求他们掌握相应的专业知识，这样才能保证馆员在读者提出咨询问题的时候，快速地帮助读者解决问题。

（六） 提高图书馆馆员的素质

在全媒体时代背景下，图书馆馆员作为图书馆知识资源的管理者，综合素质一定要高。现阶段，图书馆馆员所开展的日常工作和信息技术之间的关联很大，因此，图书馆馆员除了要具备图书管理方面的专业知识外，还要熟练掌握计算机技术和多媒体信息技术，并且沟通能力要强，要及时帮助读者解决各种问题。与那些发达国家相比较，我国图书馆馆员的综合素质还不够高，这就需要图书馆定期对馆员进行培训，有效提高他们的工作能力和综合素质。不仅如此，图书馆也要定期引进那些图书管理能力强、信息化技术水平高的专业人才，为图书馆馆员队伍注入新的活力，从而提高整个图书馆馆员队伍的文化素质，为更好地对读者提供服务奠定基础。

（七）创新图书馆服务模式

为读者提供个性化服务。做好图书馆读者服务工作的一个重要环节就是图书馆能够为读者提供个性化服务，当读者在图书馆遇到问题的时候，馆员可以根据读者的需求，采用不同的服务手段为读者提供服务，而这项工作可以通过图书馆的管理系统来完成。因此，图书馆要建立一个比较成熟的针对读者的信息服务平台，馆员和读者能够通过这个信息平台进行交流，方便馆员为读者开展个性化服务，通过信息平台，馆员可以帮助读者快速解决在文献查找中遇到的困难。除此之外，图书馆读者服务的服务质量也要有所提高，要对现有的服务模式进行改革创新，让读者可以获得更好的服务体验。

总之，信息时代的到来为图书馆读者服务工作开辟了新的道路，让读者对图书馆服务的满意度逐渐增加。但是在实际工作中，还是没有达到让读者百分之百的满意，在提供服务的时候还与读者的实际需求有着不小的差距。因此，图书馆要不断地对读者服务体系进行完善，进一步提高图书馆的服务质量，尽可能多地满足读者的各项需求，为今后图书馆的发展，提供一份助力。

第四节　图书馆读者服务精细化发展的途径探索

图书馆作为为社会大众提供文化信息的重要场所，传播信息文化知识的能力极为突出。但随着我国人民生活水平与思想观念的提升，对图书馆也有了更多要求。在这种社会背景下，图书馆需要对读者服务进行精细化发展，面对差异性的读者需求要给予充分满足，真正做到与时代共发展。

一、图书馆读者服务精细化的内容

图书馆对读者提供的精细化服务主要包括以下几个方面：

第一，接待读者工作、组织与执行阅读推广工作、整理书架工作与资讯参考服务工作。接待读者工作，主要是帮助有借还书需求的读者进行图书的借还工作。倘若图书馆内存在自主借还图书的智能设施，那么此类工作就会转型为引导读者使用自助借还设备的工作。

第二，组织与执行阅读推广活动，主要结合图书馆运行情况与社会的发展情况定期推出优秀图书的书单，或者开展读书会等分享交流活动。

第三，整理书架工作，主要是对图书馆内的图书进行定期整理，保持图书始终保持在一个整齐协调的环境下，要根据书架容量及时进行扩充，将原有图书导入新书架中。

第四，对读者进行咨询参考的读者精细化服务，包含了馆内的所有咨询服务。

二、图书馆读者服务精细化的实现途径

（一）充分掌握读者的真实服务需求

第一，针对读者的实际需求进行充分的掌握，调整一系列的读者服务来达到精细化服务的目的，针对馆内图书的数目排列进行优化。在优化过程中，还要充分地将读者的需求考虑在内，制定科学合理的书籍排列方式，为读者提供优质的精细化图书馆服务。此外，还可以结合实际情况，设立相应的图书自助还书站，充分提升图书馆的服务质量，甚至可以探索全天不间断的自助图书馆，为社会大众提供更为高效便捷的借还书服务。

图书馆作为人员密集的公共场所，要建立起专门的消毒区域，初入图书馆的读者与工作人员都必须经过消毒区域进行消毒处理，充分保证读者的身体安全。此外为了增加读者安全感，还可以在图书馆内部设置一定数量的消毒柜，进行图书的消毒工作，严格保障书籍的安全性。

第二，图书馆还要秉承创客理念，在图书馆内部提供创客空间，为读者提供场地与设施，以及在创客空间内可以免费使用的设备与工具，并提供充分的文化信息服务，帮助青年创业团队不断壮大发展，促进社会的进步。

第三，在图书馆内部还应该设立找书服务，倘若读者在查找图书过程中并没有找到书籍，那么就可以在图书馆内部的服务台请求帮助，由图书馆工作人员帮忙寻找，并办理借书手续。倘若馆中并没有该图书的纸质书，那么也可以建议读者阅读电子版图书或自行购买。图书馆的该项业务也切实赢取了大众的满意，图书馆的读者服务又上了一个台阶。

（二）针对读者群体差异化服务

图书馆应对不同群体的读者展开不同的针对性读者服务，例如要划分成人与儿童的阅览室，并提供与之相匹配的读者精细化服务。图书馆可以根据儿童的阅读特点来重点配置儿童图书与教育图书，对儿童阅读空间进行科学合理的布置。还可以利用现如今的虚拟现

实技术，让儿童进入到书籍里的世界，充分满足其好奇心，提升儿童的阅读兴趣与积极性。

图书馆可以针对退休的老年读者提供专门的阅览室与服务通道。保证老年读者安静的阅读环境，帮助解决借还书等操作问题。并增加区域内关于养生保健内容的书籍供老年朋友阅读。此外，图书馆还可以结合实际情况，展开当地老年退休读者的文化培训工作，为当地退休的老年用户提供一个优质的文化交流平台。

（三）建设全面的服务体系

推动社会文化服务标准化建设为基础，不断优化图书馆的读者精细化服务体系，切实提升图书馆读者服务体验。针对图书馆读者精细化服务标准的要求，应该按照读者的差异性建设一个覆盖全面且周到的读者精细化服务体系。

第一，图书馆应该充分收集社会发展过程中的政策资料，为图书馆的服务提供信息保障与依据。并收集所在地市省份的相关信息，为当地民众的文化民俗也提供一个了解的途径。图书馆应该加强对小说、诗歌等方面的图书进行扩充，丰富社会大众的精神文化需求，提升人们的文学素养。因此在实际提供读者精细化服务的同时，图书馆方面应该充分以不同的读者群体为基础，提供不同的读者服务以满足现实需求。图书馆要针对读者提供相匹配的阅览室，为读者提供阅读的良好环境。在此基础上，图书馆还应该借助现今快速发展的信息技术来帮助自身提升读者服务质量，给读者带来更加现代化的图书馆精细化服务。

第二，还要针对当地重点建设的文化项目作为着力点，提供必要的文化领域支持，并为区域内各类组织群体提供文化信息服务，建立以图书馆为基础的读者精细化服务体系，为当地发展提供必要的文化体系保障。组建与周边地市的图书馆合作新格局，联动周边地市的图书馆进行经验交流分享，以此来提升图书馆读者服务精细化的质量。

（四）发挥文化传播作用

第一，图书馆要打造属于自身的文化传播品牌效应，积极开展大规模的文化信息交流活动，促进社会发展，满足群众文化传播与阅读的精神需求。同时还可以利用网络手段，将文化活动用网络直播的形式吸引更多的人进行了解。可以参照网上课程的运行方法来开展教育类视频。依托图书馆自身庞大的信息数据库，可以更加全面地向读者提供学习书籍与资源，同时还可以举办读书日，吸引当地群众参加这种线下文化活动。

第二，充分提升图书馆的教育职能，作为社会中传播文化信息与价值的公共单位，在对读者提供精细化服务的过程中也要充分注重自身的文化职能。要依托自身丰富的文化资源举办各类文化活动，包括但不限于举行教育讲座、文化展览、艺术鉴赏会以及文化技能培训等。

第三，充分满足社会大众的实际文化需求。值得图书馆方面注意的是，目前我国社会正处于高速发展期，经济技术不断更新升级，图书馆在这种大环境下也要做到与时俱进，不断更新自身的服务理念与硬件设施。坚持弘扬中华传统文化，提升大众的文化素养，以此来实现图书馆的文化传播与教育价值。

参考文献

［1］蒋金人. 微信平台在图书馆读者服务中的应用研究［J］. 新闻传播，2022（02）：47
-48.

［2］李丹，刘玉娇. 关于图书馆读者服务精细化发展的途径探讨［J］. 采写编，2022
（01）：183-184.

［3］贾胜利. 图书馆读者服务中细节管理探究［J］. 河南图书馆学刊，2008（01）：69.

［4］赵美. 人本管理思想在图书馆管理创新中的实践探究［J］. 兰台内外，2021（32）：
64-66.

［5］雒艳莉. 数字化图书馆管理模式创新研究［J］. 文化产业，2021（27）：67-69.

［6］吕江鹏. 全媒体环境下图书馆读者服务体系构建研究［J］. 科教导刊，2021（14）：
184-186.

［7］王世恩. 探析信息化背景下图书馆管理创新措施［J］. 传媒论坛，2021，4（09）：
137-138.

［8］侯志萍. 新媒体视角下的图书馆管理创新研究［J］. 河南图书馆学刊，2016，36
（03）：115-116.

［9］李红琴. 图书馆数字化管理模式探究［J］. 科技风，2015（20）：217.

［10］蔡冰. 图书馆读者活动的策划与实施［J］. 图书馆学刊，2009，31（07）：60-62.

［11］程应红. 图书馆管理与利用［M］. 合肥：安徽大学出版社，2009.

［12］蔡莉静. 图书馆读者业务工作［M］. 北京：海洋出版社，2013.

［13］张素杰，刘文慧. 现代图书馆读者工作［M］. 呼和浩特：内蒙古人民出版社，2008.

［14］陈庭生. 图书馆读者工作理论与实践［M］. 南昌：江西科学技术出版社，2010.

［15］张强. 基于数据中心视角的图书馆信息化管理策略研究［J］. 图书馆工作与研究，
2022（S1）：62-66.

［16］杨婷. 全媒体时代公共图书馆宣传推广策略思考［J］. 新世纪图书馆，2022（06）：
38-41.

[17] 闫春燕. 区块链视角下图书馆读者服务优化路径研究 [J]. 河南图书馆学刊, 2022, 42 (01)：93-95.

[18] 周懿琼, 边晓红. 公共图书馆读者证管理及智慧化发展探析 [J]. 图书馆学研究, 2021 (24)：31-41.

[19] 王旭. 基于云计算的数字图书馆知识管理研究 [J]. 出版广角, 2021 (15)：88-90.

[20] 孔泳欣, 彭国超, 李颖. 知识链视角下数字图书馆知识服务能力评价研究 [J]. 情报理论与实践, 2021, 44 (11)：73-79.

[21] 闫方宇. 图书馆读者服务精细化发展探析 [J]. 文化产业, 2021 (10)：158-160.

[22] 王朝霞. 数字化背景下图书馆古籍管理的困境与路径选择 [J]. 档案管理, 2021 (02)：126+128.

[23] 屈艳玲, 杨丹. 区块链+图书馆：读者服务生态重塑与优化策略 [J]. 图书馆理论与实践, 2021 (02)：102-107.

[24] 赵秋利. 区块链技术与图书馆的融合发展略探 [J]. 牡丹江教育学院学报, 2021 (02)：126-128.

[25] 刘金哲. 新加坡图书馆信息化建设与管理研究 [J]. 图书馆建设, 2020 (S1)：58-61.

[26] 刘博涵, 许京生. 国家图书馆读者服务规章制度的沿革与现实思考 [J]. 国家图书馆学刊, 2020, 29 (03)：104-112.

[27] 任丽红. 大数据背景下的图书馆读者借阅行为分析 [J]. 现代电子技术, 2020, 43 (07)：90-93.

[28] 杨玉娟. 图书馆人事档案管理系统建设探索与实践——以南京图书馆为例 [J]. 档案与建设, 2020 (03)：64-66.

[29] 王光媛. 图书馆文化创意产品开发工作流程及模式研究 [J]. 图书馆工作与研究, 2019 (10)：25-32+74.

[30] 张欢, 谭英, 夏圆. 全面质量管理视角下的阅读推广研究 [J]. 图书情报工作, 2019, 63 (03)：73-79.

[31] 方波. 图书馆馆藏质量控制机制研究 [J]. 图书馆学研究, 2019 (01)：28-34.

[32] 由薇波. 新媒体时代专业图书馆品牌管理探析 [J]. 图书馆理论与实践, 2017 (08)：27-30.

[33] 刘立河，刘佳琳，范晨. 图书馆读者关系处理机制研究 [J]. 图书情报工作，2016，60（S2）：75-79.

[34] 张燕青. 公共图书馆读者信用管理模式及案例分析 [J]. 图书馆论坛，2017，37（03）：123-127.

[35] 李洋，李健. 图书馆服务补救研究述评 [J]. 图书馆，2016（07）：56-61+72.

[36] 闫巧琴. 图书馆个性化服务与数字化用户档案管理 [J]. 档案管理，2016（03）：75-77.

[37] 杨新涯，袁辉，沈敏. 向服务平台转型的下一代图书馆管理系统实践研究 [J]. 图书馆杂志，2015，34（09）：23-27.

[38] 吴苏芬. 公共图书馆用户投诉五性管理机制探索 [J]. 图书馆理论与实践，2015，（04）：22-25.

[39] 刘念，岳鸿，张骏毅. 利用微信公众平台拓展图书馆读者荐购模式的方法研究 [J]. 图书馆学研究，2014（13）：7-12.

[40] 刘群. 读者投诉的应对策略及其考探 [J]. 图书馆工作与研究，2014（07）：79-81+101.

[41] 柯平. 从科学管理到文化管理——关于图书馆组织文化的战略思考 [J]. 大学图书馆学报，2013，31（03）：44-49+63.

[42] 蔡冰. 论图书馆读者服务的艺术 [J]. 图书馆理论与实践，2009（07）：15-17+74.

[43] 陈洪滨. 探析图书馆人本管理中的沟通 [J]. 图书馆，2008（01）：109+111.

[44] 王剑波. 构建图书馆核心能力的重要元素——特色馆藏、人本管理与知识服务 [J]. 现代情报，2005（11）：121-123+126.

[45] 武继山. 关于图书馆人本管理的思考 [J]. 情报资料工作，2005（02）：68-70.

[46] 吴立志. 人本管理在图书馆管理中的应用 [J]. 现代情报，2004（02）：88-89+92.

[47] 郑章飞，彭一中. 21 世纪图书馆员职业理念与图书馆人本管理理念的关系 [J]. 图书馆论坛，2003（06）：91-93.

[48] 蒋永福，陈丽君. 图书馆人本管理：含义与原则 [J]. 图书馆建设，2003（04）：3-4.

[49] 杨涛，冯彩芬. 注重服务细节——澳门中央图书馆参观有感 [J]. 图书馆杂志，2003（05）：56-57.

［50］吴建中，范并思，陈传夫，等. 面向未来的图书馆与社会［J］. 中国图书馆学报，2021，47（02）：4.

［51］张栋. 论现代图书馆管理与服务的人本化［J］. 文化产业，2022（17）：96.

［52］王璐璐. 信息化背景下公共图书馆阅读推广策略创新研究［J］. 文化产业，2021（34）：127.